Μάρκετινγκ και εύρεση μεταφραστικών γραφείων

Corinne McKay

Published by Στέφανος Καράμπαλης, 2024.

While every precaution has been taken in the preparation of this book, the publisher assumes no responsibility for errors or omissions, or for damages resulting from the use of the information contained herein.

ΜΑΡΚΕΤΙΝΓΚ ΚΑΙ ΕΥΡΕΣΗ ΜΕΤΑΦΡΑΣΤΙΚΩΝ ΓΡΑΦΕΙΩΝ

First edition. November 15, 2024.

ISBN: 979-8227605375

Written by Corinne McKay.

Πίνακας Περιεχομένων

Εισαγωγή

Οι περισσότεροι επαγγελματίες μεταφραστές αποκτούν τουλάχιστον ένα μέρος του εισοδήματός τους από τη συνεργασία τους με μεταφραστικά γραφεία· πολλοί αποκτούν το μεγαλύτερο μέρος ή ακόμη και το σύνολο του εισοδήματός τους από γραφεία. Αυτό το ηλεκτρονικό βιβλίο απευθύνεται σε:

- αρχάριους μεταφραστές που θέλουν να εισέλθουν στην αγορά των γραφείων ένα καλά μελετημένο πλάνο· και
- έμπειρους μεταφραστές που θέλουν να δημιουργήσουν καλές σχέσεις με μεγάλα γραφεία.

Εάν πρόκειται να συνεργαστείτε με γραφεία, πρέπει να είστε ρεαλιστές όσον αφορά τα πλεονεκτήματα και τα μειονεκτήματα της αγοράς των γραφείων. Δεν γίνεται να εισέλθετε στην αγορά των γραφείων και να περιμένετε από τα ίδια τα γραφεία να είναι κάτι που δεν είναι. Διαφορετικά, τόσο εσείς όσο και οι πελάτες σας μπορεί να απογοητευτείτε· και αυτή η κατάσταση δεν είναι σίγουρα η ιδανική.

Το καλό είναι ότι:

- Τα γραφεία μπορούν να σας προσφέρουν μια σταθερή ροή εργασίας. Εάν ένα γραφείο είναι ευχαριστημένο από τη συνεργασία σας, μπορεί να σας προσφέρει συνεχή ροή έργων.
- Τα γραφεία μπορούν να σας αποδεσμεύσουν —από άποψη χρόνου— ώστε να αφιερώσετε το μεγαλύτερο μέρος του χρόνου σας μεταφράζοντας, αντί να ασχολείστε με εργασίες που δεν αφορούν τη μετάφραση.

1

- Τα γραφεία μπορούν να μειώσουν τα διαχειριστικά σας έξοδα (έξοδα μάρκετινγκ, πελατειακών σχέσεων και τιμολόγησης, μεταξύ άλλων). Απαιτούν, γενικά, λιγότερο μη χρεώσιμο χρόνο από ό,τι οι άμεσοι πελάτες.
- Μπορείτε εύκολα να βρείτε γραφεία και να υποβάλετε αίτηση για (συν)εργασία. Αν θέλετε να συνεργαστείτε με άμεσους πελάτες, η μισή ταλαιπωρία είναι το να βρείτε τι είδους πελάτες μπορεί να σας χρειάζονται, το πώς θα τους βρείτε, με ποιον στην εταιρεία να επικοινωνήσετε κ.λπ. Με τα γραφεία, δεν χρειάζεται να το κάνετε αυτό· μπορείτε να χρησιμοποιήσετε διάφορες πηγές, όπως οι κατάλογοι των ενώσεων μεταφραστ(ρι)ών, το Payment Practices (paymentpractices.net), μεταφραστικές πύλες, όπως το ProZ (proz.com) ή το TranslatorsCafe (translatorscafe.com), ή να τα αναζητήσετε στο διαδίκτυο ("μεταφραστικά γραφεία στην Ελλάδα" κ.λπ.). Μόλις βρείτε τα γραφεία με τα οποία θα θέλατε να συνεργαστείτε, απλώς συμπληρώστε τη φόρμα τους ή ακολουθήστε τις οδηγίες για να στείλετε το βιογραφικό σας σημείωμα.
- Τα γραφεία μπορούν να σας στείλουν εργασία από πολλούς τελικούς πελάτες, εξοικονομώντας σας έτσι πολλή δουλειά μάρκετινγκ.
- Τα γραφεία παρέχουν ένα είδος διχτυού ασφαλείας. Αν αρρωστήσετε ή έχετε σοβαρό πρόβλημα με τον υπολογιστή σας ή αν μια μετάφραση σας παίρνει ξαφνικά τρεις φορές περισσότερο απ' όσο περιμένατε, συχνά ένας πελάτης-γραφείο βρίσκει κάποιον άλλο μεταφραστή ή κάποια άλλη μεταφράστρια για να αναλάβει το έργο... κάτι που ένας άμεσος πελάτης ενδέχεται να μην μπορεί να κάνει.
- Τα γραφεία θα πρέπει να υποβάλλουν το έργο σας για διόρθωση ή να παρέχουν άλλα βήματα ποιοτικού ελέγχου.

Από την άλλη πλευρά:

ΜΑΡΚΕΤΙΝΓΚ ΚΑΙ ΕΥΡΕΣΗ ΜΕΤΑΦΡΑΣΤΙΚΩΝ ΓΡΑΦΕΙΩΝ

- Τα γραφεία, συνήθως, πληρώνουν λιγότερο από ό,τι οι άμεσοι πελάτες και, μερικές φορές, για αρκετά παρόμοια εργασία. Ούσα ελεύθερη επαγγελματίας εδώ και 15 χρόνια, έχω διαπιστώσει μια αλλαγή στην αγορά των γραφείων· είναι πολύ πιο δύσκολο να έχει κανείς αξιοπρεπές εισόδημα με χαμηλές τιμές και υπάρχει πολύ περισσότερος ανταγωνισμός στις ακριβές τιμές.

- Τα γραφεία μπορεί να εμπλακούν περισσότερο στις διαδικασίες εργασίας σας από ό,τι οι άμεσοι πελάτες, πιθανώς επειδή γνωρίζουν περισσότερα για τη μετάφραση από ό,τι οι περισσότεροι άμεσοι πελάτες.

- Τα γραφεία, γενικά, χρειάζονται μεταφραστές και μεταφράστριες σε ευρείες ειδικότητες όπως η νομική, τα χρηματοοικονομικά, η ιατρική, η πληροφορική, οι πατέντες κ.λπ. Έτσι, αν θέλετε να μεταφράζετε κυρίως σε έναν τομέα όπως η ιστορία της τέχνης, τα ανθρώπινα δικαιώματα, τα άλογα ή τα ρομαντικά μυθιστορήματα (πραγματικές ειδικότητες από μεταφραστές και μεταφράστριες που έχω γνωρίσει!), μπορεί να μην έχετε και πολλή μεγάλη τύχη στην αγορά των γραφείων.

- Τα γραφεία μπορεί να έχουν προϋποθέσεις εισδοχής που φαίνονται κάπως αυθαίρετες. Οι άμεσοι πελάτες επικεντρώνονται γενικά στο αποτέλεσμα του έργου σας: μπορείτε να κάνετε αυτό που θέλουν να κάνετε; Οι αρχάριοι μεταφραστές με επαρκή προσόντα (δηλαδή άτομα με ανεπτυγμένες γλωσσικές δεξιότητες που έχουν εργαστεί στον χρηματοοικονομικό τομέα για 20 χρόνια και τώρα αναζητούν εργασία πάνω σε μεταφράσεις κειμένων χρηματοοικονομικού περιεχομένου) μπορεί να απογοητευτούν από προϋποθέσεις όπως "πρέπει να έχει πενταετή εμπειρία ως μεταφραστής, πιστοποίηση ή μεταπτυχιακό στη μετάφραση". Τα γραφεία θέτουν αυτές τις προϋποθέσεις για κάποιον λόγο, αλλά μπορεί να δημιουργήσουν έναν φαύλο κύκλο, αφήνοντάς σας να αισθάνεστε ότι τα ίδια τα γραφεία δεν θα σας προσλάβουν αν δεν έχετε εμπειρία. Αλλά, εσείς

3

δεν ξέρετε πώς να αποκτήσετε εμπειρία αν κανένα γραφείο δεν σας προσλαμβάνει.

- Μπορεί να είναι απρόσωπα στη διάρκεια της συνεργασίας. Ειδικά από τα μεγάλα γραφεία θα πρέπει να περιμένετε ελάχιστες έως καθόλου προσωπικές σχέσεις. Ορισμένα από τα μεγαλύτερα γραφεία αναθέτουν πλέον τα έργα τους αποκλειστικά μέσω email με προτεραιότητα ή ακόμη και μέσω πλατφορμών εύρεσης εργασίας (όπως μέσω Upwork), οπότε γίνεται όλο και πιο πιθανό να συνεργάζεστε με μεγάλα γραφεία χωρίς ποτέ να αλληλεπιδράσετε με άνθρωπο.
- Μπορεί να αισθανθείτε ότι είστε ο τελευταίος τροχός της αμάξης. Ακούω συχνά αυτό το παράπονο από έμπειρους μεταφραστές που επιθυμούν μια πιο προσωπική σχέση, μια σχέση εμπιστοσύνης, με τους πελάτες-γραφεία τους· αισθάνονται αντικαθιστάμενοι με οποιονδήποτε άλλο μεταφραστή στο ζεύγος γλωσσών ή στην ειδικότητά τους και απογοητεύονται που ορισμένα γραφεία δεν φαίνεται να επιθυμούν ή ακόμη και να είναι ανοιχτά σε μια πιο προσωπική αλληλεπίδραση.

ΜΑΡΚΕΤΙΝΓΚ ΚΑΙ ΕΥΡΕΣΗ ΜΕΤΑΦΡΑΣΤΙΚΩΝ ΓΡΑΦΕΙΩΝ

Κεφάλαιο 1: Προτού ξεκινήσετε το μάρκετινγκ σε γραφεία

Αν σκοπεύετε να συνεργαστείτε με μεταφραστικά γραφεία, υπάρχουν ορισμένοι παράγοντες που πρέπει να λάβετε υπόψη πριν το κάνετε. Αυτοί είναι οι εξής:

- **Τα ζεύγη γλωσσών και οι ειδικεύσεις σας και το πόσο περιζήτητα είναι** (με την επιφύλαξη ότι υπάρχει δυνητική αγορά για σχεδόν κάθε γλώσσα και ειδίκευση): για παράδειγμα, στη μετάφραση από τα αγγλικά στα ισπανικά στις ΗΠΑ, υπάρχει πολλή δουλειά, αλλά και μεγάλος ανταγωνισμός με βάση τις τιμές. Ειδικεύσεις όπως η χρηματοοικονομική και η επιστημονική τεχνολογία τραβούν πολύ περισσότερο την προσοχή γραφείων από ό,τι η παροχή υπηρεσιών μεταφράσεων γενικού περιεχομένου. Οι γλώσσες που δεν είναι τόσο διαδεδομένες τείνουν να έχουν λιγότερα έργα, αλλά οι μεταφραστές τους έχουν μικρότερο ανταγωνισμό.
- **Η τοποθεσία σας:** υπάρχουν γραφεία κοντά στο σπίτι σας;
- **Το επίπεδο της εμπειρίας σας:** ξεκινάτε από το μηδέν ή έχετε εμπειρία πολλών ετών ή δεκαετιών;
- **Η επιθυμία σας για μια προσωπική (ή μη!) σχέση με τους πελάτες σας:** τα μικρότερα γραφεία έχουν γενικά μια πιο προσωπική σχέση με τους τελικούς πελάτες τους και, συνεπώς, μια πιο προσωπική σχέση με τους μεταφραστές τους.
- **Εάν χρησιμοποιείτε ή όχι εργαλεία μεταφραστικής μνήμης (ΤΜ):** ορισμένα γραφεία μπορεί να απαιτούν να χρησιμοποιείτε ένα εργαλείο ΤΜ (Translation Memory), ή ένα συγκεκριμένο

6

εργαλείο ΤΜ, ή μια συγκεκριμένη έκδοση ενός συγκεκριμένου εργαλείου ΤΜ. Αυτό ισχύει ολοένα και περισσότερο και για άλλα λογισμικά – εργαλεία διασφάλισης ποιότητας (QA), πρόσθετα μηχανικής μετάφρασης.

Είναι επίσης σημαντικό να έχετε τη σωστή νοοτροπία όταν ξεκινάτε μια καμπάνια μάρκετινγκ για γραφεία. Πρώτον, το μάρκετινγκ σε γραφεία είναι ένα παιχνίδι με αριθμούς. Όταν ξεκίνησα την επιχείρησή μου ως ελεύθερη επαγγελματίας το 2002, έκανα αίτηση σε πάνω από 400 μεταφραστικές εταιρείες κατά τη διάρκεια του πρώτου έτους της επιχείρησής μου και χρειάστηκαν πάνω από 18 μήνες για να αποκτήσω εισόδημα πλήρους απασχόλησης. Δεύτερον, πρέπει είτε να αποδεχτείτε το επιχειρηματικό μοντέλο του γραφείου είτε να το αποφύγετε. Τα γραφεία λαμβάνουν σημαντικό μερίδιο από την τιμή που χρεώνουν στον τελικό πελάτη. Σε αντάλλαγμα, βρίσκουν αρχικά τον πελάτη, σας στέλνουν το έργο και, καλώς εχόντων των πραγμάτων, χειρίζονται όλες τις μη μεταφραστικές πτυχές του έργου, όπως η επιμέλεια, η διόρθωση, η μορφοποίηση, η προετοιμασία των αρχείων κ.λπ. Αν αυτό το επιχειρηματικό μοντέλο δεν σας ταιριάζει, τότε καλύτερα να αναζητήσετε άμεσους πελάτες.

Όταν συνεργάζεστε με γραφεία, πρέπει επίσης να αποδεχτείτε ότι σπάνια (αν όχι ποτέ) θα έχετε άμεση επαφή με τον τελικό πελάτη. Σε ορισμένες περιπτώσεις, θα έχετε ελάχιστο έλεγχο της τελικής έκδοσης της μετάφρασής σας που αποστέλλεται στον τελικό πελάτη. Το γραφείο μπορεί να έχει επεξεργαστεί τη μετάφραση χωρίς να σας επιτρέψει να ελέγξετε ή ακόμη και να δείτε τις αλλαγές. Αν δεν μπορείτε να συμβιβαστείτε με αυτήν την πρακτική, τότε αποφύγετέ την.

CORINNE MCKAY

Κεφάλαιο 2: Το μεταφραστικό σας βιογραφικό σημείωμα

Πιθανότατα, θα κάνετε αίτηση σε μεταφραστικά γραφεία με έναν από τους δύο τρόπους:

1. Συμπληρώνοντας κάποια φόρμα στον ιστότοπό τους.
2. Στέλνοντάς τους το βιογραφικό σας σημείωμα με email ή υποβάλλοντάς το στον ιστότοπό τους.

Η ύπαρξη ενός καθαρού, στοχευμένου στη μετάφραση βιογραφικού σημειώματος είναι ένα από τα θεμέλια της καμπάνιας μάρκετινγκ σε γραφεία που θέλετε να προσεγγίσετε. Ας δούμε μερικά βασικά σημεία ενός καλού βιογραφικού σημειώματος.

- **Έκταση**: μία σελίδα είναι το ιδανικό· δύο σελίδες πρέπει να είναι το μέγιστο όριο.
- **Πολύ σημαντικές πληροφορίες**: συμπεριλάβετε το όνομά σας, τα ζεύγη γλωσσών και τις ειδικεύσεις σας στον τίτλο του βιογραφικού σας σημειώματος. Επιλέξτε *ένα όνομα* για να το χρησιμοποιείτε επαγγελματικά. Μη γράφετε, αντί για το νόμιμο όνομά σας, το παρατσούκλι σας ή μία φορά το επώνυμό σας με παύλα και μία φορά το επώνυμό σας χωρίς παύλα.
- **Στοιχεία επικοινωνίας**: συμπεριλάβετε κάποιο είδος γεωγραφικών πληροφοριών (όχι απαραίτητα τη διεύθυνσή σας, αλλά την πόλη σας ή την πλησιέστερη περιοχή του μετρό), το email σας, το τηλέφωνό σας και τον ιστότοπό σας, εάν διαθέτετε. Σκεφτείτε

9

οπωσδήποτε να αγοράσετε το δικό σας όνομα τομέα, ακόμη και αν το χρησιμοποιείτε μόνο για σκοπούς ηλεκτρονικής αλληλογραφίας. Φαίνεται πιο επαγγελματικό από μια δωρεάν διεύθυνση email και δεν θα χρειαστεί να αλλάξετε ποτέ ξανά τη διεύθυνση email σας.

- **Όνομα αρχείου**: ευχαριστώ τη φίλη και συνάδελφό μου Eve Lindemuth Bodeux γι' αυτήν τη συμβουλή. Ίσως είναι αχρείαστο να αναφερθεί, αλλά μην ονομάζετε το βιογραφικό σας "Resume.pdf". Συμπεριλάβετε το ονοματεπώνυμό σας και ίσως τις γλώσσες εργασίας σας (π.χ. Corinne_McKay_FR-EN).

- **Στόχος**: δεν χρειάζεται. Ο στόχος του βιογραφικού σημειώματος είναι σαφώς η εύρεση εργασίας.

- **Ονόματα πελατών**: να τα συμπεριλάβετε *μόνο* με γραπτή άδεια του πελάτη, εκτός εάν εργαστήκατε εσωτερικά (in-house) ή το όνομά σας υπάρχει ήδη σε δημοσιευμένη μετάφραση. Διαφορετικά, περιγράψτε απλώς το είδος του πελάτη ("μια μεγάλη εταιρεία λογισμικού με έδρα τις ΗΠΑ", "μια κορυφαία βραζιλιάνικη πετρελαϊκή εταιρεία").

- **Σχετική εμπειρία**: συμπεριλάβετε μόνο την εμπειρία που σχετίζεται πραγματικά με έργα μετάφρασης ή διερμηνείας που έχετε αναλάβει. Δεν πειράζει να έχετε κενά στην επαγγελματική σας εμπειρία. Απλώς παραλείψτε οποιαδήποτε άσχετη εργασιακή εμπειρία.

Δείτε στην επόμενη σελίδα ένα παράδειγμα βιογραφικού σημειώματος στοχευμένου στη μετάφραση (στα αγγλικά).

Μερικά σχόλια σχετικά με το δείγμα βιογραφικού σημειώματος στην προηγούμενη σελίδα:

- Αν είστε αρχάριος, μη λέτε ψέματα για την έλλειψη εμπειρίας σας, αλλά μην αισθάνεστε και υποχρεωμένοι να την επισημάνετε. Μη λέτε "αρχάριος", για παράδειγμα. Ο πελάτης θα δει την επαγγελματική σας εμπειρία και θα κρίνει μόνος του αν του ταιριάζετε.

- Ακόμη και δύο ή τρία δείγματα μεταφραστικών έργων προκαλούν θετική εντύπωση. Συμπεριλάβετέ τα, για να δώσετε στον πελάτη μια ιδέα για το τι μεταφράζετε.

- Εάν δεν έχετε καθόλου εμπειρία στη μετάφραση, μάλλον δεν θα πρέπει να αναζητάτε ακόμη πελάτες που πληρώνουν. Παρακολουθήστε κάποια μαθήματα, δείτε αν μπορείτε να κάνετε πρακτική άσκηση σε μια μεταφραστική εταιρεία ή σε έναν έμπειρο μεταφραστή ή μεταφράστε αφιλοκερδώς για πελάτες για να είστε σίγουροι για την ποιότητα των έργων σας πριν βγείτε στην αγορά.

- Αν δεν έχετε καθόλου εμπειρία και χρειάζεστε κάποια έμπνευση, ρίξτε μια ματιά σε αυτήν την ανάρτηση στο ιστολόγιό μου[1] σχετικά με τρεις τρόπους για να βρείτε τους πρώτους σας πελάτες για έργα μετάφρασης.

- Στην ενότητα "Σχετική Εμπειρία", αναφέρετε κάθε εργασία που σχετίζεται με τη μετάφραση, τις μη μητρικές σας γλώσσες, τη συγγραφικές σας δεξιότητες ή τις ειδικεύσεις σας. Μην αισθάνεστε υποχρεωμένοι να αναφέρετε τα έτη της εργασιακής σας εμπειρίας ή τα πιστοποιητικά σας, αν δεν θέλετε να γνωρίζουν οι πελάτες πόσο χρονών είστε. Μπορείτε να πείτε αντ' αυτού "δεκαετή εμπειρία".

- Η αναφορά των επαγγελματικών σας σχέσεων και ενώσεων στις οποίες είστε μέλος μπορεί να συμβάλει στην κατάδειξη της σοβαρότητάς σας ως επαγγελματία μεταφραστή. Αναφέρετε τυχόν ενώσεις που σχετίζονται με τον κλάδο της μετάφρασης, τη γλώσσα ή την ειδίκευσή σας.

- Αναφέρετε εάν είστε κάτοχος και γνώστης εξειδικευμένου λογισμικού, όπως εργαλεία μεταφραστικής μνήμης, λογισμικό ηλεκτρονικής σελιδοποίησης, λογισμικό υποτιτλισμού ή απομαγνητοφώνησης κ.λπ. Μην αναφέρετε εργαλεία που ξέρετε να χρησιμοποιείτε αλλά δεν κατέχετε.

- Ποτέ μην αναφέρετε ονόματα πελατών χωρίς γραπτή άδεια από τους ίδιους, εκτός εάν έχετε εργαστεί άμεσα για αυτούς ή το όνομά

---

1. http://www.thoughtsontranslation.com/2016/11/23/finding-first-translation-clients-three-ideas/

σας βρίσκεται σε μια δημοσιευμένη μετάφραση που σχετίζεται με τον πελάτη.

- Αναφέρετε τυχόν πιστοποιητικά που σχετίζονται με τις ειδικεύσεις σας: ΜΒΑ, CPA, δικηγόρος με άδεια άσκησης επαγγέλματος, πιστοποιημένος οικονομικός αναλυτής, πιστοποιημένος απομαγνητοφωνητής ιατρικού υλικού, εγγεγραμμένος νοσηλευτής κ.λπ.

CORINNE MCKAY

Κεφάλαιο 3: Εύρεση ποιοτικών γραφείων

Υπάρχουν διάφοροι τρόποι για να βρείτε ποιοτικά μεταφραστικά γραφεία για να υποβάλετε αίτηση. Σε αυτό το κεφάλαιο, θα μάθετε για:

- τις συστάσεις από άλλους μεταφραστές,
- τους καταλόγους ενώσεων,
- τις υπηρεσίες αξιολόγησης μεταφραστικών γραφείων,
- τις απλές αναζητήσεις στο Google.

3.1 Συστάσεις από άλλους μεταφραστές

Ένας από τους καλύτερους τρόπους για να βρείτε ποιοτικά γραφεία για να υποβάλετε αίτηση είναι να ρωτήσετε άλλους μεταφραστές για τα γραφεία με τα οποία συνεργάζονται και τους αρέσουν. Εδώ όμως υπάρχει μια παγίδα: είναι καλύτερο να ρωτάτε μεταφραστές που εργάζονται σε άλλα ζεύγη γλωσσών, επειδή δεν είναι ωραίο να φαίνεται ότι προσπαθείτε να κλέψετε τους πελάτες ενός συναδέλφου σας. Δεν θα υπάρχει όμως πρόβλημα αν ρωτήσετε κάποιον μεταφραστή άλλου ζεύγους γλωσσών. Επιπλέον, αν ένας έμπιστος συνάδελφος εργάζεται για χρόνια σε ένα γραφείο, μάλλον δεν χρειάζεται να ανησυχείτε για την οικονομική φερεγγυότητα του γραφείου.

Αν δεν γνωρίζετε καλά τον άλλο μεταφραστή, πάντα να προσπαθείτε να μην ακούγεστε σαν να θέλετε να αναφερθείτε στο όνομά του ως "μέσο" για το γραφείο (εκτός και αν προσφερθεί ο ίδιος). Για παράδειγμα, θα μπορούσατε να πείτε κάτι του στυλ: *«Ψάχνω νέους πελάτες-γραφεία. Συνεργάζεσαι με γραφεία που σου αρέσουν ιδιαίτερα ή έχεις ακούσει καλά λόγια για κάποιο γραφείο; Δεν θα πω για σένα· απλώς θέλω να υποβάλω αίτηση».*

Με άλλους μεταφραστές που γνωρίζετε καλά, μπορείτε να ρωτήσετε αν θα ήταν πρόθυμοι να σας συστήσουν σε κάποιον από τους πελάτες τους: «Ψάχνω νέους πελάτες-γραφεία. *Μήπως θα μπορούσες να με συστήσεις σε κάποιο γραφείο με το οποίο σου αρέσει ιδιαίτερα να συνεργάζεσαι;»* Και πάλι, βεβαιωθείτε ότι κάνετε αυτήν την ερώτηση μόνο σε μεταφραστές που γνωρίζετε καλά, επειδή είναι ένα μεγάλο άλμα εμπιστοσύνης από την πλευρά τους να σας επιτρέψουν να αναφερθείτε στο όνομά τους.

3.2 Κατάλογοι ενώσεων

Οι κατάλογοι ενώσεων είναι ίσως ο καλύτερος τρόπος για να βρείτε μεγάλο αριθμό μεταφραστικών γραφείων. Για παράδειγμα, όταν ξεκίνησα την επιχείρησή μου ως επαγγελματίας μεταφράστρια το 2002, αξιοποίησα την έντυπη έκδοση του καταλόγου της Αμερικανικής Ένωσης Μεταφραστών – ξεκίνησα από το "Α" και προχώρησα προς τα κάτω, μέχρι που είχα κάνει αίτηση σε πάνω από 400 γραφεία. Μπορείτε να εφαρμόσετε αυτήν τη στρατηγική αξιοποιώντας τον ηλεκτρονικό κατάλογο ή άλλους καταλόγους ενώσεων. Δύο προειδοποιήσεις μόνο:

- ΠΟΤΕ μη χρησιμοποιείτε τις πληροφορίες που περιέχονται στον κατάλογο μιας ένωσης για να επικοινωνήσετε απευθείας με το πρόσωπο (συχνά τον διευθύνοντα σύμβουλο) που αναφέρεται ως η κύρια επαφή. Οι όροι χρήσης πολλών καταλόγων ενώσεων το απαγορεύουν αυτό, ενώ υπάρχει περίπτωση οι πληροφορίες να είναι ξεπερασμένες. Αντ' αυτού, μεταβείτε απευθείας στον ιστότοπο του γραφείου και χρησιμοποιήστε τις πληροφορίες αίτησης που θα βρείτε εκεί. Συνήθως, μπορείτε να αναζητήσετε καρτέλες με σύνδεσμο που γράφουν "εργαστείτε μαζί μας", "ελεύθεροι επαγγελματίες", "ενταχθείτε στην ομάδα μας", "καριέρα" κ.λπ.
- Να θυμάστε ότι ορισμένες ενώσεις μεταφραστ(ρι)ών δέχονται ως μέλη σχεδόν οποιονδήποτε ενδιαφέρεται για τον μεταφραστικό κλάδο. Επομένως, θα πρέπει να ελέγξετε την οικονομική φερεγγυότητα των γραφείων προτού υποβάλετε αίτηση σε αυτά.

Περισσότερα σχετικά με αυτό στην επόμενη ενότητα!

Το ωραίο με τους καταλόγους ενώσεων είναι ότι μπορείτε να βρείτε γρήγορα εκατοντάδες γραφεία για να υποβάλετε αίτηση. Στη χειρότερη, μπορείτε να αξιοποιήσετε τους καταλόγους των ενώσεων της γλώσσας-στόχος σας ως σημείο εκκίνησης. Οι περισσότεροι από αυτούς τους καταλόγους είναι διαθέσιμοι στο κοινό, όχι μόνο στα μέλη της ένωσης.

3.3 Υπηρεσίες αξιολόγησης μεταφραστικών γραφείων

Οι υπηρεσίες αξιολόγησης μεταφραστικών γραφείων, όπως το Payment Practices[1] και το Blue Board του ProZ[2], είναι ένας άλλος εξαιρετικός τρόπος για να βρείτε γραφεία για να υποβάλλετε αίτηση. Ένα πλεονέκτημα των υπηρεσιών αξιολόγησης είναι ότι είναι συνήθως παγκόσμιες. Ενώ η πλειονότητα των μελών μιας ένωσης μεταφραστ(ρι)ών θα βρίσκεται στη χώρα όπου εδρεύει η ένωση, η χρήση μιας υπηρεσίας αξιολόγησης σας επιτρέπει να βρίσκετε γραφεία οπουδήποτε.

---

1. http://www.paymentpractices.net

2. http://www.proz.com/blueboard

17

Ας δούμε ένα παράδειγμα χρήσης του Payment Practices για την εύρεση γραφείων με υψηλή βαθμολογία στη Γερμανία (δεν έχω κάποια συμφωνία συνεργατών, απλώς πιστεύω ότι το Payment Practices είναι μια εξαιρετική υπηρεσία).

Αφού συνδεθείτε και πατήσετε "Search" (Αναζήτηση), θα ορίσετε τα κριτήρια αναζήτησης. Το Payment Practices χρησιμοποιεί δύο παράγοντες αξιολόγησης, σε μια κλίμακα 1-5: το PPR (αξιοπιστία πρακτικών πληρωμής) και το TA (έγκριση μεταφραστ(ρι)ών). Σε αυτό το παράδειγμα, θα ορίσουμε τις επιθυμητές βαθμολογίες PPR και TA σε 4.0 ή παραπάνω και ως χώρα τη Γερμανία.

Αυτή η συγκεκριμένη αναζήτηση έδωσε 259 αποτελέσματα, αρκετά για να σας κρατήσουν για λίγο απασχολημένους, αν θέλετε πελάτες-γραφεία στη Γερμανία. Θα σας συνιστούσα να κάνετε αυτού του είδους την αναζήτηση για γραφεία στη χώρα/στις χώρες της γλώσσας-πηγή και της γλώσσας-στόχος σας. Το Blue Board του ProZ διαθέτει παρόμοιες δυνατότητες αναζήτησης που μπορείτε να χρησιμοποιήσετε.

Και πάλι, όπως και με τους καταλόγους των ενώσεων μεταφραστ(ρι)ών, μη χρησιμοποιείτε ποτέ τα στοιχεία επικοινωνίας ενός γραφείου που βρίσκετε σε μια βάση δεδομένων μιας υπηρεσίας αξιολόγησης γραφείων. Οι όροι χρήσης του ιστότοπου μπορεί να το απαγορεύουν και οι πληροφορίες μπορεί να είναι ξεπερασμένες. Αντ' αυτού, μεταβείτε στον ιστότοπο του γραφείου και χρησιμοποιήστε τις οδηγίες αίτησης που θα βρείτε εκεί.

3.3 Απλές αναζητήσεις στο Google

Μ ια τελευταία επιλογή, ειδικά αν έχετε ήδη μια σαφώς καθορισμένη ειδίκευση, αν εργάζεστε με ένα δυσεύρετο ζεύγος γλωσσών ή αν η χώρα της γλώσσας-πηγή ή της γλώσσας-στόχος σας δεν διαθέτει ένωση μεταφραστ(ρι)ών που να επιτρέπει μέλη, είναι να κάνετε μια απλή αναζήτηση στο Google.

Για παράδειγμα, μπορείτε να αναζητήσετε "γραφείο για (χρηματο)οικονομικές μεταφράσεις" ή "γραφεία μεταφράσεων στη(ν)/στο/ στις [χώρα]" για να βρείτε κάποια γραφεία για να υποβάλετε αίτηση. Αυτό είναι ιδιαίτερα αποτελεσματικό αν κάνετε αναζήτηση με βάση την ειδίκευση, καθώς θα βρείτε γραφεία που έχουν ιστοσελίδα για τις ειδικεύσεις σας (κι αυτό είναι ένα καλό σημάδι ότι μπορεί να χρειάζονται περισσότερους μεταφραστές σε αυτήν την ειδίκευση).

Κεφάλαιο 4: Επικοινωνία

Τώρα που έχετε ετοιμάσει το βιογραφικό σας σημείωμα έτσι ώστε να είναι στοχευμένο στη μετάφραση και έχετε βρει αξιόπιστα γραφεία για να υποβάλετε αίτηση, ήρθε η ώρα να αρχίσετε να επικοινωνείτε με αυτούς τους πιθανούς πελάτες. Η επικοινωνία με τα περισσότερα γραφεία γίνεται με έναν από τους εξής τρόπους:

- Συμπληρώνοντας τη φόρμα αίτησης στον ιστότοπο του γραφείου.
- Στέλνοντας το βιογραφικό σας σημείωμα στο γραφείο μέσω email.

Το πρώτο βήμα είναι να επισκεφθείτε τον ιστότοπο του γραφείου και να μάθετε την προτιμώμενη μέθοδο υποβολής αίτησης. Το σημαντικό είναι να **μην παρακάμψετε την προτιμώμενη μέθοδο του γραφείου**. Για παράδειγμα, αν το γραφείο αναφέρει να στείλετε το βιογραφικό σας μέσω email σε μορφότυπο PDF με όνομα αρχείου το επώνυμό σας και τη μη αγγλική γλώσσα, τότε φροντίστε να το κάνετε. Αν το γραφείο ζητάει να συμπληρώσετε την ηλεκτρονική του φόρμα, μην επιχειρήσετε να "κάνετε εντύπωση" στέλνοντας το βιογραφικό σας μέσω email.

Όταν βρίσκεστε στον ιστότοπο ενός γραφείου, τα καλύτερα σημεία για να αναζητήσετε οδηγίες υποβολής αιτήσεων είναι οι σύνδεσμοι όπως "εργαστείτε μαζί μας", "ενταχθείτε στην ομάδα", "μεταφραστές", "καριέρα" κ.λπ. Μπορείτε επίσης να επισκεφτείτε την καρτέλα "Επικοινωνία". Εκεί θα μάθετε αν πρέπει να συμπληρώσετε τις φόρμες αίτησης του γραφείου ή να στείλετε μέσω email το βιογραφικό σας σημείωμα. Ακολουθούν κάποιες συμβουλές για κάθε τρόπο ξεχωριστά.

4.1 Κατά τη συμπλήρωση μιας φόρμας

Όλο και περισσότερα γραφεία απλοποιούν τη διαδικασία υποβολής αιτήσεων, ζητώντας σας να συμπληρώσετε ηλεκτρονικές φόρμες με ειδικά, υποχρεωτικά πεδία. Σχεδόν κάθε μεγάλο γραφείο το κάνει πλέον αυτό.

Το μειονέκτημα αυτού είναι ότι αυτές οι φόρμες απαιτούν από εσάς να παρέχετε ορισμένες πληροφορίες (όπως ειδικεύσεις και τιμές) πριν καν συζητήσετε με το γραφείο για τις ανάγκες του και τις δεξιότητές σας. Έτσι, δεν είστε σε θέση να αναφέρετε ότι, π.χ., κάνετε νομικές μεταφράσεις, ιδίως μεταφράσεις νομικών εγγράφων με (χρηματο)οικονομικά στοιχεία, ή χρεώνετε Χ λεπτά/λέξη, αλλά για έργα που δεν είναι επείγοντα χρεώνετε Υ λεπτά/λέξη. Αντ' αυτού, πρέπει απλώς να συμπληρώσετε ένα πεδίο της φόρμας.

Όταν συμπληρώνετε τη φόρμα ενός γραφείου, να αναζητάτε *πάντα* ένα μέρος για να συμπεριλάβετε κάτι προσωπικό. Εάν υπάρχει πεδίο για σχόλια, "άλλες πληροφορίες" κ.λπ., τότε επικολλήστε το συνοδευτικό κείμενο που θα στέλνατε μέσω email στο πλαίσιο αυτό. Για κάποιον λόγο τα γραφεία χρησιμοποιούν φόρμες: είναι ευκολότερη η επεξεργασία τους και περιορίζουν τις ανεπιθύμητες αιτήσεις. Απαιτείται, όμως, να αφιερώσετε λίγο παραπάνω χρόνο προκειμένου να δώσετε οποιαδήποτε προσωπική πινελιά στην αίτησή σας.

4.2 Κατά την αίτηση μέσω email

Ορισμένα γραφεία θα σας ζητήσουν να τους στείλετε με email το βιογραφικό σας σημείωμα. Αρχικά, ελέγξτε αν υπάρχουν ιδιαίτερες απαιτήσεις για το email ή το βιογραφικό σας σημείωμα. Στις τυπικές απαιτήσεις περιλαμβάνεται η αναγραφή των ζευγών γλωσσών ή των ειδικεύσεών σας στη γραμμή θέματος του email ή στο όνομα αρχείου του βιογραφικού σας σημειώματος. Εάν το γραφείο έχει ειδικές απαιτήσεις, βεβαιωθείτε ότι τις τηρείτε.

Στη συνέχεια, γράψτε ένα ελκυστικό κείμενο στο σώμα του email. Οι βασικοί κανόνες είναι οι ίδιοι με αυτούς του βιογραφικού σας: να είναι σύντομο, να μην διηγείστε την ιστορία της ζωής σας και να αναφέρετε πρώτα τα δυνατότερα σημεία σας. Επίσης, να βάζετε *πάντα* το όνομα του γραφείου στην πρώτη γραμμή του email, ώστε να περνάτε το μήνυμα ότι δεν αποστέλλεται σε χιλιάδες δυνητικούς πελάτες ταυτόχρονα. Ακολουθούν μερικά παραδείγματα κειμένων σώματος email που μπορείτε να χρησιμοποιήσετε για έμπνευση.

Από μεταφράστρια με εμπειρία και σαφή εξειδίκευση:

«Υπόψιν του γραφείου [εισαγάγετε το όνομα του γραφείου]. Είμαι μεταφράστρια από τα ελληνικά στα αγγλικά με ειδίκευση στα ιατρικά και φαρμακευτικά κείμενα και πρόσφατα βρήκα τον ιστότοπό σας αναζητώντας γραφεία υψηλής ποιότητας στην [πόλη]. Σας επισυνάπτω το βιογραφικό μου σημείωμα για να το λάβετε υπόψη σας. Έχω πενταετή εμπειρία ως μεταφράστρια πλήρους απασχόλησης και πρόσφατα μετέφρασα ιατρικές εκθέσεις, ερωτηματολόγια ασθενών από κλινικές δοκιμές και δελτία πληροφοριών ασθενών από τα ελληνικά στα αγγλικά. Εάν χρειάζεστε περισσότερες πληροφορίες για εμένα, παρακαλώ ενημερώστε με. Ανυπομονώ να λάβω την απάντησή σας και να συνεργαστούμε σύντομα».

Από έναν αρχάριο μεταφραστή:

«Υπόψιν του γραφείου [εισαγάγετε το όνομα του γραφείου]. Είμαι μεταφραστής ελληνικών-ισπανικών και βρήκα τον ιστότοπό σας ενώ έψαχνα για μεγάλα μεταφραστικά γραφεία στην [πόλη]. Έκανα έναρξη επιχείρησης πρόσφατα, αφού έλαβα πιστοποιητικό στη μετάφραση από τη σχολή [όνομα σχολής] και αναζητώ ενεργά εργασία. Επισυνάπτω το βιογραφικό μου για αξιολόγηση και είμαι διαθέσιμος να κάνω ένα μεταφραστικό τεστ όποτε θέλετε. Ευχαριστώ για τον χρόνο σας και ελπίζω να συνεργαστώ μαζί σας σύντομα».

Είτε κάνετε αίτηση σε γραφεία μέσω των φορμών τους είτε στέλνοντάς τους email, είναι σημαντικό να στέλνετε email εκ νέου επικοινωνίας μέχρι το γραφείο να σας στείλει κάποια εργασία, υποθέτοντας ότι ενδιαφέρονται να αξιοποιήσουν τις υπηρεσίες σας. Περισσότερα για αυτό στο επόμενο κεφάλαιο.

Κεφάλαιο 5: Email εκ νέου επικοινωνίας

Μόλις έρθετε σε αρχική επαφή με ένα γραφείο, μπορεί να σας απαντήσει αμέσως για να σας ενημερώσει για το επόμενο βήμα στη διαδικασία υποβολής αίτησης. Διαφορετικά, θα πρέπει να συνεχίσετε να επικοινωνείτε μαζί του. Είναι χρήσιμο να έχετε τρία "σημεία επαφής" με κάθε πιθανό πελάτη-γραφείο:

1. Βρείτε το γραφείο και κάντε αίτηση σε αυτό.

2. Εάν λάβετε **οποιαδήποτε** απάντηση από άνθρωπο (δηλαδή, όχι αυτόματη απάντηση), ακόμη και απάντηση του στυλ *«δεν ψάχνουμε για νέους μεταφραστές στο ζεύγος γλωσσών σας αυτήν τη στιγμή, αλλά θα κρατήσουμε το βιογραφικό σας στο αρχείο μας»*, ξαναστείλτε το ως χειρόγραφο σημείωμα. Το σημείωμα μπορεί να είναι σύντομο: *«Σας ευχαριστώ πολύ που απαντήσατε στο ερώτημά μου σχετικά με τις ευκαιρίες μετάφρασης που παρέχετε από τα σουηδικά στα ελληνικά. Ευχαριστώ για τον χρόνο σας και ανυπομονώ να συνεργαστούμε στο μέλλον»*. Να το συνοδεύετε πάντα με μια επαγγελματική κάρτα. Ο στόχος σας είναι απλώς να εξατομικεύσετε την επαφή και να δείξετε στο γραφείο ότι το πάτε σοβαρά.

3. Αν θέλετε πραγματικά να ξεχωρίσετε, στείλτε ένα χειρόγραφο σημείωμα, ακόμη και αν το γραφείο δεν απαντήσει. Δοκιμάστε κάτι του στυλ: *«Πρόσφατα έκανα αίτηση για εργασία ως μεταφράστρια από τα ελληνικά στα ιαπωνικά μέσω του ιστότοπού σας. Σας ευχαριστώ που εξετάσατε την αίτησή μου και ελπίζω να συνεργαστούμε σύντομα»*. Επισυνάψτε μια επαγγελματική κάρτα.

4. Εάν δεν λάβετε νέα από το γραφείο για περίπου έναν μήνα, στείλτε

ένα σύντομο email για να βεβαιωθείτε ότι γνωρίζει ότι ενδιαφέρεστε – κάτι του στυλ: «Σας ευχαριστώ και πάλι που απαντήσατε στην αίτησή μου να εργαστώ ως μεταφραστής νορβηγικών-ελληνικών με το γραφείο σας. Παρατήρησα ότι έχει περάσει περίπου ένας μήνας από τότε που λάβατε την αίτησή μου, οπότε ενημερώστε με αν χρειάζεστε περισσότερες πληροφορίες για εμένα. Θα ήθελα επίσης να αναφέρω ξανά ότι ενδιαφέρομαι να συνεργαστώ μαζί σας. Σας ευχαριστώ για τον χρόνο σας και την προσοχή σας».

5.1 Η σκληρή αλήθεια για τα καλά γραφεία

Το μάρκετινγκ σε γραφεία μπορεί να είναι απογοητευτική διαδικασία. Κατά τη διάρκεια του πρώτου μου έτους ως μεταφράστρια, έκανα αίτηση σε περισσότερα από τετρακόσια γραφεία προτού βρω αρκετούς πελάτες για να μου παρέχουν εργασία πλήρους απασχόλησης. Και μιλάω για το 2002, όταν υπήρχαν λιγότεροι ελεύθεροι επαγγελματίες και πιθανώς λιγότερος ανταγωνισμός από ό,τι σήμερα. Επομένως, το μάρκετινγκ σε γραφεία μπορεί να μοιάζει ζόρι· αυτή είναι η αλήθεια.

Διαβάστε και μια άλλη αλήθεια: αν θέλετε να συνεργαστείτε με μεγάλα γραφεία, να περιμένετε να σας πουν ότι δεν σας χρειάζονται άμεσα, αλλά θα κρατήσουν τα στοιχεία σας στο αρχείο τους σε περίπτωση που σας χρειαστούν στο μέλλον. Σε γενικές γραμμές, τα μεγάλα γραφεία δεν αναζητούν ενεργά μεταφραστές και μεταφράστριες. Αυτά τα γραφεία είναι οι πιο επιθυμητοί πελάτες πολλών μεταφραστ(ρι)ών· συνδυάζουν πολλές από τις θετικές πτυχές ενός γραφείου (παρέχουν σταθερή ροή εργασιών και χειρίζονται τις μη μεταφραστικές εργασίες) με πολλές από τις θετικές πτυχές ενός άμεσου πελάτη (ενδιαφέροντα έργα και υψηλότερες αμοιβές). Οι μεταφραστές/τριες που κερδίζουν ως πελάτες τέτοιου είδους γραφεία τείνουν να παραμένουν μαζί τους για μεγάλο χρονικό διάστημα. Ως αποτέλεσμα, μπορεί, ή μάλλον, θα πρέπει να περιμένετε μέχρι να φύγει ένας από τους τακτικούς μεταφραστές του γραφείου ή να είναι πολύ απασχολημένος γι' αυτούς, ή μέχρι το ίδιο το γραφείο να βρει έναν νέο πελάτη. Ορισμένα μεγάλα γραφεία μπορεί να διαθέτουν μόνο λίγους τακτικούς μεταφραστές ανά γλωσσικό συνδυασμό.

Το κλειδί εδώ είναι να παραμείνετε στην οθόνη του ραντάρ του εν λόγω γραφείου, ώστε να είστε το πρώτο πρόσωπο που θα σκεφτεί όταν χρειαστεί έναν νέο μεταφραστή. Αν χαθείτε από την οθόνη του ραντάρ μετά την αρχική επαφή, είναι απίθανο να σας δώσει δουλειά. Πρέπει να συνεχίσετε να στέλνετε υπενθυμίσεις σχεδόν κάθε μήνα. Εκμεταλλευτείτε κάθε ευκαιρία που σας δίνεται για να συναντηθείτε από κοντά με το εν λόγω γραφείο. Χωρίς να γίνεστε ενοχλητικοί, ενημερώστε το γραφείο ότι εξακολουθείτε να ενδιαφέρεστε, ώστε να σας θυμηθεί όταν θα χρειαστεί να προσθέσει ένα ακόμη μέλος στην ομάδα του.

5.2 Επαγγελματικές συμβουλές για τις υπενθυμίσεις

Μπορείτε να στέλνετε υπενθυμίσεις πιο συχνά απ' ό,τι νομίζετε, χωρίς να γίνετε ενοχλητικοί. Μέρος του στόχου σας είναι να δημιουργήσετε μια ανθρώπινη επαφή, εν μέσω των πολλών αιτήσεων που λαμβάνουν τα γραφεία και οι οποίες είναι είτε α) ανεπιθύμητες είτε β) από μεταφραστές που δεν είναι επαγγελματίες. Επομένως, μη διστάζετε να στέλνετε υπενθυμίσεις τουλάχιστον μία φορά τον μήνα. Φροντίστε όμως να τις αλλάζετε. Μη στέλνετε απλώς email στο γραφείο και μη ρωτάτε αν έχει δουλειά για εσάς. Δοκιμάστε τεχνικές όπως οι παρακάτω:

- Βάλτε μια υπενθύμιση Google (Google Alert) με το όνομα του γραφείου, ώστε να γνωρίζετε την αλληλεπίδρασή σας με αυτό. Χρησιμοποιήστε αυτές τις πληροφορίες ως αφετηρία για τα μηνύματά σας. *«Συγχαρητήρια για την κατάκτηση του βραβείου τάδε»* / *«Παρατήρησα ότι προσλάβατε έναν νέο διαχειριστή έργων· θα ήθελα να σας συγχαρώ γι' αυτό!»*
- Ενημερώστε το γραφείο για τις δραστηριότητές σας, σε περίπτωση που έχουν παρόμοιες ανάγκες. *«Πρόσφατα, μετέφρασα τέσσερις*

ετήσιες αναφορές για εταιρείες σε διάφορους τομείς. Λόγω του ότι η περίοδος των ετήσιων αναφορών συνεχίζεται, ενημερώστε με αν χρειάζεστε βοήθεια με παρόμοια έργα».

- Στείλτε συνδέσμους που οδηγούν σε άρθρα που μπορεί να είναι χρήσιμα για το γραφείο. Αν είστε πραγματικά φιλόδοξοι, θα μπορούσατε να παρακολουθείτε τα τοπικά επιχειρηματικά νέα στην περιοχή τους. Ενημερώστε το γραφείο για πιθανούς πελάτες, ακόμη και αν δεν χρειάζονται το γλωσσικό σας ζεύγος. *«Διάβασα ότι μια γερμανική εταιρεία αιολικής ενέργειας επέλεξε πρόσφατα την Αθήνα για την έδρα της στην Ελλάδα. Θεωρώ ότι είναι κατάλληλη για τις υπηρεσίες σας, αν ψάχνετε για νέους πελάτες».*

- Στείλτε κάρτες τις γιορτές, την Παγκόσμια Ημέρα Μετάφρασης (30 Σεπτεμβρίου) και τυχόν γιορτές που αφορούν τη γλώσσα ή τον πολιτισμό σας (Κινεζική Πρωτοχρονιά κ.λπ.).

Κεφάλαιο 6: Παρακολούθηση των προσπαθειών μάρκετινγκ

Η παρακολούθηση των προσπαθειών μάρκετινγκ εξυπηρετεί διάφορους σκοπούς.

- Γνωρίζετε με ποιον έχετε έρθει σε επαφή, ώστε να μην επικοινωνήσετε δύο φορές με το ίδιο γραφείο.
- Γνωρίζετε σε ποιο στάδιο βρίσκεται κάθε επαφή. Σας απάντησε το γραφείο; Χρειάζεται να ξαναστείλετε μήνυμα σε συγκεκριμένο χρονικό διάστημα (*«Θα αναζητήσουμε περισσότερους μεταφραστές οικονομικού περιεχομένου μετά την ετήσια αναφορά»*); Αναφέρθηκε κάτι άλλο αξιοσημείωτο (*«Μπορούμε να βρεθούμε στο συνέδριο της ATA»*);
- Μπορείτε να παρακολουθείτε τις φορές που στείλατε μήνυμα.
- Γνωρίζετε ποια γραφεία πρέπει να αποκλείσετε από μελλοντικές προσπάθειες εκ νέου επικοινωνίας ή μάρκετινγκ, για παράδειγμα γραφεία που πληρώνουν το ήμισυ της ελάχιστης τιμής σας.
- Η παρακολούθηση σας αναγκάζει να είστε ειλικρινείς σχετικά με το με πόσα γραφεία έχετε επικοινωνήσει. Χωρίς αυτήν, είναι εύκολο να γίνετε υπερβολικά αισιόδοξοι για το πόσες επαφές έχετε κάνει.

6.1 Μέθοδοι παρακολούθησης

Η μέθοδος παρακολούθησης είναι λιγότερο σημαντική από την ίδια την παρακολούθηση. Ακόμη και μια πολύ απλή μέθοδος παρακολούθησης, όπως οι καρτέλες, μπορεί να λειτουργήσει, εφόσον είστε σχολαστικοί όσον αφορά την καταχώριση των πληροφοριών σε αυτές.

27

Από την ευκολότερη προς τη δυσκολότερη, τρεις πιθανές μέθοδοι παρακολούθησης που μπορείτε να εξετάσετε είναι οι εξής:

- Χαρτί (καρτέλες ή σημειωματάριο)
- Ένα υπολογιστικό φύλλο
- Ένα εργαλείο διαχείρισης επαφών

Από αυτές τις τρεις μεθόδους, η μέθοδος που προτείνω στα περισσότερα άτομα που ασχολούνται με τη μετάφραση είναι το υπολογιστικό φύλλο. Είναι εύκολο στη χρήση και έχετε ήδη το λογισμικό για την εφαρμογή του (συνήθως το Excel ή το Google Docs). Χρήσιμο μπορεί επίσης να αποβεί το λογισμικό διαχείρισης επαφών, όπως το Salesforce ή το Zoho, αρκεί να μην ξοδεύετε περισσότερο χρόνο για τη διαχείριση του εργαλείου από ό,τι αξίζει. Προσοχή σε αυτό το φαινόμενο (όχι μόνο με το λογισμικό διαχείρισης επαφών). Είναι εύκολο να παρασυρθείτε από την ιδέα ενός εξειδικευμένου εργαλείου για κάθε εργασία, αλλά σε πολλές περιπτώσεις μια πολύ απλή επιλογή κάνει για τις ανάγκες των περισσότερων ελεύθερων επαγγελματιών.

Αν θέλετε να ξεκινήσετε με μια απλή μέθοδο παρακολούθησης σε υπολογιστικό φύλλο, απλώς δημιουργήστε ένα υπολογιστικό φύλλο με ένα όνομα, π.χ. "Contacts_begin_August1" (εισαγάγετε την ημερομηνία την οποία ξεκινάτε). Στη συνέχεια, δημιουργήστε στήλες για τα διάφορα στοιχεία που θέλετε να παρακολουθείτε, κάπως έτσι:

	A	B	C	D	E
1	Date contacted	Agency	How contacted	Outcome	Followup
2	5/15/2017	XYZ translations	Applied on website	Responded-received	Sent card, 5/22
3					

Θα συνιστούσα να καταχωρήσετε έστω τα στοιχεία που αναφέρονται παραπάνω:

- Την ημερομηνία που επικοινωνήσατε με το γραφείο
- Το όνομα του γραφείου
- Τον τρόπο με τον οποίο ήρθατε σε επαφή με το γραφείο: συμπληρώσατε κάποια διαδικτυακή αίτηση, στείλατε το

βιογραφικό σας με email, δώσατε ένα έντυπο βιογραφικό σε μια εκδήλωση, ή κάτι άλλο;

- Το αποτέλεσμα: τι συνέβη μετά; Επιβεβαίωσε το γραφείο την παραλαβή της αίτησής σας; Ζήτησε περισσότερες πληροφορίες ή να κάνετε κάποιο μεταφραστικό τεστ;
- Επιπλέον επικοινωνία: Τι μέτρα επιπλέον επικοινωνίας έχετε λάβει; Στείλατε χειρόγραφη κάρτα; Στείλατε email για να βεβαιωθείτε ότι η αίτησή σας παραλήφθηκε;

6.2 Πόσες επαφές;

Μέρος του σκοπού της παρακολούθησης των προσπαθειών για μάρκετινγκ είναι να είστε ειλικρινείς σχετικά με το πόσες επαφές έχετε δημιουργήσει. Όταν η τύχη παίρνει τα ηνία, οι περισσότεροι άνθρωποι υπερεκτιμούμε –και μερικές φορές υπερεκτιμούμε ριζικά– τον αριθμό των επαφών μάρκετινγκ που έχουμε δημιουργήσει ή την απόδοση που περιμένουμε να δούμε από αυτές τις επαφές.

Πολλοί μεταφραστές αναρωτιούνται πόσες επαφές θα πρέπει να δημιουργήσουν ή θα χρειαστεί να δημιουργήσουν όταν κάνουν μάρκετινγκ σε γραφεία. Και πάλι, οι περισσότεροι υποτιμούν τον αριθμό και υπερεκτιμούν το ποσοστό απόκρισης. Λαμβάνω πολλά email από αρχάριους μεταφραστές, οι οποίοι παραπονιούνται λέγοντας: *«Έχω κάνει αίτηση σε 25 γραφεία και δεν έχω λάβει καμία απολύτως απάντηση»*. Και σίγουρα, θα μιλήσετε με μεταφραστές που δεν έκαναν ποτέ μαζική εκστρατεία μάρκετινγκ σε γραφεία. Έκαναν μάρκετινγκ με άλλους τρόπους: μέσω φίλων που εργάζονταν ήδη στον κλάδο ή μέσω της τοπικής αγοράς, για παράδειγμα. Αλλά η πλειονότητα των μεταφραστ(ρι)ών θα κάνει μια μαζική εκστρατεία μάρκετινγκ σε γραφεία κάποια στιγμή.

Είτε σας αρέσει είτε όχι, το μάρκετινγκ σε γραφεία είναι ψυχρή πώληση: προσεγγίζετε πελάτες που δεν γνωρίζετε και που δεν σας γνωρίζουν και κάνετε μια προσφορά ή πρόταση για τις υπηρεσίες σας. Όταν ξεκίνησα την επιχείρησή μου ως ελεύθερη επαγγελματίας το 2002, έκανα αίτηση σε περισσότερα από 400 γραφεία κατά τη διάρκεια του πρώτου έτους εργασίας μου, και μου πήρε ακόμα περίπου ενάμιση χρόνο μέχρι να αποσβέσω το εισόδημα από την προηγούμενη εργασία μου πλήρους απασχόλησης. Όπως και σε κάθε άλλο είδος ψυχρής πώλησης, θα πρέπει να περιμένετε ένα ποσοστό απόκρισης της τάξης του 1%-3%, δηλαδή περίπου έναν με τρεις νέους πελάτες για κάθε 100 πελάτες με τους οποίους επικοινωνείτε. Τούτου λεχθέντος:

- Μπορεί να σταθείτε τυχεροί και να βρείτε ένα γραφείο που τυχαίνει να έχει κερδίσει έναν μεγάλο νέο πελάτη που απαιτεί τις γλώσσες ή τις ειδικεύσεις σας.
- Το ποσοστό επιτυχίας θα εξαρτηθεί σίγουρα από τις γλώσσες και τις ειδικεύσεις σας. Ένας μεταφραστής γενικού περιεχομένου από αγγλικά προς ισπανικά στις ΗΠΑ θα πρέπει να δουλέψει πολύ πιο σκληρά από έναν μεταφραστή οικονομικού περιεχομένου από ιαπωνικά προς αγγλικά που ζει στην Ιαπωνία.

Η απάντηση στο ερώτημα "πόσες επαφές" είναι είτε παρήγορη είτε αποθαρρυντική, ανάλογα με το πώς το βλέπετε: μέχρι να έχετε αρκετή δουλειά. Ένα βασικό προσόν των επιτυχημένων μεταφραστ(ρι)ών που ξεκινούν στον χώρο είναι η προθυμία τους να κάνουν όσο μάρκετινγκ χρειάζεται για να αναπτύξουν μια βιώσιμη επιχείρηση. Οι επιτυχημένοι αρχάριοι είναι αυτοί που λένε: «Θα εργάζομαι 40 ώρες την εβδομάδα, και αν κάποια εβδομάδα δεν έχω δουλειά, τότε θα κάνω μάρκετινγκ 40 ώρες». Αντί να μην κάνουν τίποτα στον ελεύθερο χρόνο τους όταν δεν έχουν δουλειά που να τους πληρώνει, αυτοί οι επαγγελματίες, που έχουν υψηλά κίνητρα, χρησιμοποιούν κάθε διαθέσιμη στιγμή για να κάνουν μάρκετινγκ όταν δεν έχουν τόση δουλειά όση θέλουν. Και, όπως είναι φυσικό, είναι αυτοί που, πολύ σύντομα, θα έχουν τόση δουλειά όση θέλουν.

Ουσιαστικά, οι περισσότεροι αρχάριοι ελεύθεροι επαγγελματίες πρέπει να υπολογίζουν έξι μήνες με έναν χρόνο, με πολύ σποραδικό όγκο εργασίας, και έπειτα πιθανώς άλλους έξι μήνες με έναν χρόνο μέχρι να ξοδεύουν τον περισσότερο χρόνο τους δουλεύοντας αντί να ψάχνουν για δουλειά. Εξαίρεση σε αυτό αποτελούν οι μεταφραστές που πηγαίνουν αμέσως να εργαστούν

ΜΑΡΚΕΤΙΝΓΚ ΚΑΙ ΕΥΡΕΣΗ ΜΕΤΑΦΡΑΣΤΙΚΩΝ ΓΡΑΦΕΙΩΝ

για μεγάλα γραφεία· κάποια στιγμή, μίλησα με έναν μεταφραστή, νέο στον χώρο, που έστειλε ένα βιογραφικό σε ένα πολύ μεγάλο γραφείο, προσελήφθη αμέσως και άρχισε να εργάζεται για το εν λόγω γραφείο σχεδόν με πλήρη απασχόληση. Είναι και αυτή μια επιλογή. Αλλά κατά τα άλλα, ο ταχύτερος χρόνος που έχω δει έναν νέο ελεύθερο επαγγελματία να αναπτύσσει μια βάση τακτικών πελατών είναι περίπου έξι μήνες. Συμπέρασμα: βλέπετε μακροπρόθεσμα, συνεχίστε το μάρκετινγκ μέχρι να έχετε τόση δουλειά όση θέλετε και δώστε ένα περιθώριο στον εαυτό σας (έξι μήνες με έναν χρόνο) μέχρι να δείτε τη ροή εργασιών σας να αυξάνεται πραγματικά.

Κεφάλαιο 7: Μην αμελείτε την τοπική αγορά

Ο ι μεταφραστές και οι μεταφράστριες μπορούν και εργάζονται με πελάτες από κάθε γωνιά του κόσμου· αυτή η δυνατότητα είναι από τα πιο σπουδαία προτερήματα της δουλειάς μας και του κλάδου μας. Αλλά παρόλο τον ενθουσιασμό σας για την εργασία με πελάτες από οπουδήποτε, μην αμελείτε την τοπική αγορά. Αυτές οι προσωπικές σχέσεις εξακολουθούν να έχουν σημασία. Όταν ξεκίνησα την επιχείρησή μου ως ελεύθερη επαγγελματίας, ζήτησα από όλα τα γραφεία στην περιοχή μου να κάνω συνεντεύξεις μαζί τους· ακόμη και αν ένα γραφείο μου απαντούσε ότι δεν χρειαζόταν άλλους μεταφραστές για το ζευγάρι γλωσσών μου, πήγαινα ούτως ή άλλως. Και, τελικά, πολλά από αυτά τα γραφεία μου έστειλαν δουλειά· το ποσοστό επιτυχίας με αυτά ήταν πολύ μεγαλύτερο από τις διαδικτυακές μου επαφές.

Αν θέλετε να κάνετε μάρκετινγκ δια ζώσης στην περιοχή σας, βρείτε πρώτα μερικούς πιθανούς πελάτες. Μπορείτε επίσης να χρησιμοποιήσετε την τεχνική της "περιοχής" και σε άλλα μέρη· για παράδειγμα, αν έχετε κανονίσει να πάτε διακοπές σε μια άλλη μεγάλη πόλη, μπορείτε να χρησιμοποιήσετε αυτήν την τεχνική εκεί.

Μόλις βρείτε τους πιθανούς πελάτες, σκεφτείτε κάτι που θα τραβήξει το ενδιαφέρον τους, έναν τρόπο να δημιουργήσετε μια σύνδεση που θα σας δώσει την ευκαιρία να προτείνετε μια συνάντηση μαζί τους. Ένα καλό δέλεαρ είναι το να είστε μέλος της ίδιας τοπικής ένωσης, π.χ.: «*Είμαι μέλος του Elvish Translators Association και βρήκα τα στοιχεία επικοινωνίας σας από έναν διαδικτυακό κατάλογο. Αναρωτιόμουν αν θα μπορούσα να περάσω από το γραφείο σας για λίγο ή μία ώρα που σας βολεύει, για να μάθω λίγα περισσότερα*

ΜΑΡΚΕΤΙΝΓΚ ΚΑΙ ΕΥΡΕΣΗ ΜΕΤΑΦΡΑΣΤΙΚΩΝ ΓΡΑΦΕΙΩΝ

για την επιχείρησή σας και πώς θα μπορούσα να συμβάλλω στην ανάπτυξή της».

Πολλά μικρά και μεσαία γραφεία θα ενδιαφερθούν για κάτι αντίστοιχο, επειδή έτσι μπορούν να αυξήσουν τον αριθμό των μεταφραστών τους και να ζωντανέψουν τις εργάσιμες ημέρες τους (ειδικά αν το γραφείο έχει λίγα άτομα). Με την πάροδο των ετών, ο κλάδος μας έχει χάσει πολλή από την προσωπική επαφή που απολαμβάνουν πολλοί άνθρωποι, οπότε αξίζει να δοκιμάσετε αυτό το αίτημα για συνέντευξη.

Μετά, θα πρέπει να σκεφτείτε τι θα ρωτήσετε τον δυνητικό πελάτη όταν τον συναντήσετε. Το κλειδί εδώ είναι να:

- Αποφύγετε την υπερβολική αυτοπροβολή. Ο δυνητικός πελάτης γνωρίζει ότι ο πραγματικός λόγος της συνάντησής σας μαζί του είναι ότι ελπίζετε ότι θα βρείτε δουλειά. Δεν χρειάζεται να το τονίσετε αυτό το θέμα.

- Πάρτε στα σοβαρά τη συνάντηση ως ευκαιρία να λάβετε χρήσιμες πληροφορίες, χωρίς να χώνετε τη μύτη σας σε εμπιστευτικές πληροφορίες του πελάτη. Με αυτό το σκεπτικό, θα μπορούσατε να κάνετε ερωτήσεις όπως οι εξής:
  - Πόσο καιρό λειτουργεί το γραφείο;
  - Ήταν κάπου αλλού το γραφείο πριν έρθει στην περιοχή σας;
  - Ποια είναι τα κύρια ζεύγη γλωσσών ή οι εξειδικεύσεις με τα οποία δουλεύει το γραφείο;
  - Για ποιες γλώσσες είναι πιο δύσκολο να βρει μεταφραστές το γραφείο;
  - Ποιοι είναι οι τομείς ανάπτυξης του γραφείου;
  - Είναι το γραφείο μέλος σε κάποια ένωση στην οποία θα σας πρότειναν να γίνετε και εσείς μέλος;
  - Παρέχει το γραφείο και άλλες υπηρεσίες εκτός από τη μετάφραση, όπως απομαγνητοφώνηση, ηλεκτρονική σελιδοποίηση, υποτιτλισμό κ.λπ.;

33

Είναι καλό να αποφύγετε να μπείτε σε λεπτομέρειες όπως το για ποιον εργάζεται το γραφείο. Ποτέ μην κάνετε άμεσες ερωτήσεις όπως: «*Ποιοι είναι οι κύριοι πελάτες σας;*» ή «*Συνεργάζεστε με τον X τελικό πελάτη;*» ή «*Συνεργάζεστε με τον X μεταφραστή;*» ή «*Τι τιμές χρεώνετε στους τελικούς πελάτες;*» Περιορίστε τη συνάντηση σε περίπου είκοσι λεπτά και στο τέλος αφήστε στο γραφείο μια επαγγελματική κάρτα και ένα βιογραφικό σημείωμα – και ίσως ένα μικρό δώρο, για να το ευχαριστήσετε για τον χρόνο του. Αφήστε ένα χειρόγραφο σημείωμα στο άτομο που σας συνάντησε.

Άλλες πηγές δυνητικών τοπικών πελατών περιλαμβάνουν τις εξής:

- Διεθνή εμπορικά επιμελητήρια
- Παγκόσμιους Οργανισμούς Εμπορίου
- Εμπορικά επιμελητήρια συγκεκριμένων χωρών (Γερμανοαμερικανικό Εμπορικό Επιμελητήριο, Σκανδιναβικό Εμπορικό Επιμελητήριο κ.λπ.)
- Επιχειρηματικές ενώσεις ανά χώρα ή γλώσσα (Γαλλοαμερικανική Επιχειρηματική Ένωση κ.λπ.)

ΜΑΡΚΕΤΙΝΓΚ ΚΑΙ ΕΥΡΕΣΗ ΜΕΤΑΦΡΑΣΤΙΚΩΝ ΓΡΑΦΕΙΩΝ

Κεφάλαιο 8: Τι γίνεται με τις διαδικτυακές πλατφόρμες/αγορές;

Ο ι διαδικτυακές πλατφόρμες/αγορές όπως το Upwork, το ProZ, το TranslatorsCafe κ.λπ. έχουν και πλεονεκτήματα και μειονεκτήματα. Τα πλεονεκτήματα είναι τα εξής:

- Οι πελάτες που αναρτούν μεταφραστικά έργα σε πίνακες εργασιών έχουν ήδη "κερδηθεί". Γνωρίζουν ήδη ότι χρειάζονται έναν μεταφραστή και είναι έτοιμοι να ξεκινήσουν μόλις βρουν το κατάλληλο άτομο.
- Υπάρχουν πάρα πολλές θέσεις εργασίας που αναζητούν μεταφραστές. Απλά μπείτε στις διαδικτυακές πλατφόρμες και αρχίστε να ψάχνετε.
- Οι διαδικτυακές πλατφόρμες μπορούν να αποτελέσουν μια καλή πηγή μακροχρόνιων, καλά αμειβόμενων πελατών, αν δουλεύετε σε δυσεύρετο ζεύγος γλωσσών ή εξειδίκευση, ή αν τις χρησιμοποιείτε για να αναζητήσετε εργασία σε περιόδους που άλλοι μεταφραστές συνήθως δεν εργάζονται (π.χ. την εβδομάδα μεταξύ Χριστουγέννων και Πρωτοχρονιάς ή/και τον Δεκαπενταύγουστο).

Ωστόσο, αυτές οι πλατφόρμες έχουν επίσης πολλά μειονεκτήματα όπως είναι τα εξής:

- Το φαινόμενο της "αντίστροφης δημοπρασίας", όπου επιλέγονται οι φθηνότεροι και ταχύτεροι μεταφραστές για τα περισσότερα έργα.
- Οι πελάτες βομβαρδίζονται με πολλές προσφορές από

μεταφραστές, μην μπορώντας να τους αξιολογήσουν όλους, με αποτέλεσμα να επιλέγουν συνήθως τον ταχύτερο ή τον φθηνότερο μεταφραστή.

• Ξεκινά μια ολοένα και ταχύτερη κούρσα προς τον πάτο, όπου οι τιμές για κορεσμένα ζεύγη γλωσσών (π.χ. αγγλικά προς ισπανικά) μπορεί να είναι τόσο χαμηλές, που να σας είναι δύσκολο να βγάλετε τα προς το ζην.

Η συμβουλή μου είναι να προσεγγίζετε τους πίνακες εργασιών με προσοχή. Αν δουλεύετε με δυσεύρετο συνδυασμό γλωσσών ή εξειδίκευση, σκεφτείτε να φτιάξετε ένα προφίλ σε τέτοιου είδους ιστότοπους και να υποβάλλετε προσφορές σε θέσεις εργασίας που ανοίγουν εκεί. Αν δουλεύετε με έναν πιο κοινό συνδυασμό, οι πίνακες εργασιών μπορεί να αποτελέσουν ένα αξιοπρεπές σημείο έναρξης, αλλά το κλειδί (όπως και με τα περισσότερα γραφεία-κολοσσούς) είναι να μη μείνετε εκεί. Είναι άλλο πράγμα, για έναν εντελώς αρχάριο μεταφραστή, να λέει «θα αναλάβω δυο τρία έργα σε έναν πίνακα εργασιών για να έχω συστάσεις και που θα μπορώ να χρησιμοποιήσω ως εμπειρία στο βιογραφικό σημείωμα» και άλλο πράγμα να προέρχεται η συντριπτική πλειοψηφία της δουλειάς σας από πίνακες εργασιών, ενώ μπορείτε, και θα έπρεπε, να αναλάβετε καλύτερες δουλειές. Αν θέλετε να χρησιμοποιήσετε πίνακες εργασιών, ακολουθήστε τις εξής οδηγίες:

• Δώστε έμφαση στην ποιότητα, στον βαθμό που αυτό είναι εφικτό. Μη χρησιμοποιείτε στο προφίλ σας λέξεις όπως "φθηνός", "προσιτές τιμές", "σύμφωνος με τον προϋπολογισμό" κ.λπ. Αντ' αυτού, εκμεταλλευτείτε το γεγονός ότι πολλοί πελάτες έχουν "καεί" από άθλιες μεταφράσεις που έλαβαν από πίνακες εργασιών. Τονίστε ότι κάνετε τη δουλειά σας σωστά με την πρώτη φορά, ότι δεν την αναθέτετε σε κανέναν άλλον, ότι δεν χρησιμοποιείτε Google Translate, ότι ακολουθείτε κατά γράμμα τις οδηγίες του πελάτη κ.ο.κ.

• Να είστε ειλικρινείς σχετικά με το γεγονός ότι δεν είστε φτηνοί. Θεωρώ πως είναι απολύτως αποδεκτό να πείτε σε έναν πελάτη ενός πίνακα εργασιών: «*Είμαι σίγουρος ότι θα λάβετε χαμηλότερες προσφορές, αλλά θα ήθελα να σας τονίσω ότι είμαι επαγγελματίας μεταφραστής πλήρους απασχόλησης. Εγγυώμαι άμεση ανταπόκριση στα τηλεφωνήματα και τα email σας και ότι θα ακολουθώ τις οδηγίες σας κατά γράμμα. Το έργο σας θα παραδοθεί στη συμφωνημένη προθεσμία ή νωρίτερα*». Αυτές οι προτάσεις είναι πιθανό να σας διαφοροποιήσουν από τον μέσο μεταφραστή κάποιου πίνακα εργασιών.

- Διαπραγματευτείτε τα πάντα εκτός από την τιμή. Μπορεί ο πελάτης να παρατείνει την προθεσμία; Θα βάλει κάποιον από το προσωπικό του να κάνει μέρος της μορφοποίησης; Μπορεί να σας παράσχει ένα επεξεργάσιμο αρχείο αντί για ένα αρχείο PDF;
- Μην κολλάτε. Εάν λαμβάνετε ανεπαρκείς τιμές από πελάτες κάποιου πίνακα εργασιών, χρησιμοποιήστε τους μόνο ως εφαλτήριο. Βρείτε πελάτες όπως οι πελάτες του πίνακα εργασιών σας, οι οποίοι όμως δεν έχουν πρόβλημα να ξοδέψουν το κατιτίς παραπάνω, και ξεκινήστε αμέσως να κάνετε αιτήσεις σε αυτούς.
- Μην αμελείτε εντελώς τους πίνακες εργασιών ως πηγές καλών πελατών. Η ήρα μπορεί να ξεχωρίσει από το σιτάρι, αν ψάξετε αρκετά καλά και για αρκετό καιρό. Πολλοί πελάτες αναρτούν έργα σε πίνακες εργασιών επειδή δεν ξέρουν πού αλλού να ψάξουν ή επειδή δεν έχουν συνεργαστεί ποτέ ξανά με μεταφραστή και βρίσκουν τον πίνακα εργασιών μέσω αναζήτησης στο Google. Επομένως, μη γίνεστε αμέσως καχύποπτοι απέναντι σε κάθε πελάτη που θα βρείτε σε έναν πίνακα εργασιών· απλώς να είστε επιλεκτικοί στο πώς και γιατί χρησιμοποιείτε αυτές τις διαδικτυακές πλατφόρμες.

ΜΑΡΚΕΤΙΝΓΚ ΚΑΙ ΕΥΡΕΣΗ ΜΕΤΑΦΡΑΣΤΙΚΩΝ ΓΡΑΦΕΙΩΝ

Κεφάλαιο 9: Διαπραγματεύσεις για τιμές και μεταφραστικά τεστ

Οι διαπραγματεύσεις με τα γραφεία για τις τιμές μπορεί να είναι δύσκολες και οι τιμές αποτελούν πηγή φόβου για πολλούς μεταφραστές. Πολλοί μεταφραστές πιάνονται σε αυτού του είδους την παγίδα: «Φοβάμαι ότι αν έχω πολύ υψηλές τιμές, δεν θα έχω αρκετή δουλειά. Και αν τις βάλω πολύ χαμηλά, θα δουλεύω πραγματικά πολλές ώρες μόνο και μόνο για να καλύψω τα βασικά μου έξοδα». Υπάρχει μια κάποια αλήθεια σε αυτούς τους φόβους.

- Το κύριο μέλημά σας όταν καθορίζετε τις τιμές σας θα πρέπει να είναι το πόσα χρειάζεστε ή θέλετε να βγάζετε, όχι ο φόβος ότι θα χάσετε δουλειά ή αόριστες εικασίες σχετικά με το τι θα πληρώσει ο πελάτης.

- Πολλοί ελεύθεροι επαγγελματίες πιστεύουν ότι, έχοντας χαμηλές τιμές, θα βρουν περισσότερους πελάτες και περισσότερη δουλειά. Αλλά οι χαμηλές τιμές μπορεί να είναι ένα πολύ αρνητικό μήνυμα για τους πελάτες που έχουν συνείδηση της ποιότητας: ο πελάτης σκέφτεται είτε ότι "αυτό το άτομο δεν έχει πολύ εμπιστοσύνη σε αυτό που κάνει", είτε ότι "η λογική αυτού του ατόμου δεν είναι πολύ επιχειρηματική", είτε και τα δύο. Όταν οι πελάτες βλέπουν έναν μεταφραστή του οποίου οι τιμές είναι στο υψηλότερο επίπεδο, είναι πιο πιθανό να σκεφτούν ότι "η δουλειά αυτού του ατόμου είναι πιθανώς πολύ καλή, οπότε χρεώνει όσο του επιτρέπει η αγορά".

- Στον κόσμο των γραφείων, μπορείτε να ανταγωνίζεστε μόνο με την ποιότητα σε έναν ορισμένο βαθμό. Δεν το εννοώ αυτό ως αρνητική δήλωση, αλλά απλώς ως ρεαλιστική. Ενώ ορισμένοι άμεσοι πελάτες θα πουν «*όσα κι αν κοστίζει μια καλή μετάφραση, θα τα δώσουμε*», τα γραφεία έχουν γενικά ένα αρκετά στενό εύρος τιμών για κάθε ζεύγος γλωσσών και πρέπει να εμπίπτετε σε αυτό το εύρος τιμών αν θέλετε να συνεργαστείτε μαζί τους.

- Ορισμένα γραφεία θα σας ζητήσουν να καταχωρίσετε τις τιμές σας στην αίτησή τους που θα κάνετε διαδικτυακά, χωρίς εύρος τιμών: απλώς «*χρεώνω Χ για μετάφραση, Χ για επιμέλεια*» κ.λπ. Προσωπικά, πιστεύω ότι αυτά τα γραφεία δίνουν προτεραιότητα στην αποτελεσματικότητα έναντι οποιασδήποτε προσωπικής σχέσης με τους μεταφραστές τους, αλλά αυτή είναι η επιλογή τους. Αν συμβεί αυτό, δεν έχετε πραγματικά άλλη επιλογή από το να καταχωρίσετε την τιμή που είναι αποδεκτή από εσάς.

- Εάν το γραφείο δεν απαιτεί να καταχωρίσετε τα ποσοστά σας στην αίτηση, τότε έχετε λίγο περισσότερο περιθώριο. Αναπόφευκτα, το γραφείο θα σας ρωτήσει τι χρεώνετε. Θα σας συνιστούσα να μη δώσετε κάποιο εύρος· το πρόβλημα είναι ότι αν πείτε «*μεταξύ Χ και Υ λεπτών ανά λέξη*», ο πελάτης θα τείνει να εστιάσει στο χαμηλό όριο, ενώ εσείς θα τείνετε να εστιάσετε στο υψηλό όριο. Θεωρώ ότι είναι πιο αποτελεσματικό να δώσετε έναν αριθμό, αλλά με κάποιο περιθώριο, όπως «*η στάνταρ τιμή μου είναι Χ λεπτά ανά λέξη, αλλά αν δεν είναι εντός του προϋπολογισμού σας, μπορούμε να το συζητήσουμε περαιτέρω*». Δεν λέτε «*θα κάνω έκπτωση*»· απλώς λέτε ότι είστε πρόθυμοι να συζητήσετε.

41

9.1 Όταν οι πελάτες ζητούν εκπτώσεις

Σε έναν ιδανικό κόσμο, εσείς και ο πελάτης κάνετε διμερείς διαπραγματεύσεις σχετικά με τις τιμές σας και ο πελάτης λαμβάνει υπόψη του και άλλους παράγοντες: τη ζήτηση για τις γλώσσες και τις εξειδικεύσεις σας, το πόσο συχνά αναμένεται να σας χρειαστεί, το επίπεδο εμπειρίας σας, τις πιστοποιήσεις σας κ.λπ. Αλλά μερικές φορές, ένας πιθανός πελάτης γραφείου θα πει μονομερώς ότι «η μέγιστη τιμή μας για το ζεύγος γλωσσών σας είναι Χ», και είναι στο χέρι σας να δεχτείτε ή να αρνηθείτε. Ακολουθούν μερικές σκέψεις για αυτήν την περίπτωση:

- Το πιο σημαντικό είναι το πόσο χρειάζεστε ή θέλετε αυτήν τη δουλειά. Θα δυσανασχετήσετε με τον πελάτη αν πείτε ναι; Μήπως θα ήταν καλύτερα να πείτε όχι και να χρησιμοποιήσετε αυτόν τον χρόνο για να βρείτε άλλους πελάτες που θα πληρώσουν καλύτερα;
- Αν πληρώνεστε με τη λέξη, πόσο χρονοβόρα είναι η δουλειά αυτή; Είναι σημαντικό να επικεντρωθείτε όχι μόνο στην τιμή ανά λέξη, αλλά και στην προβλεπόμενη ωριαία αμοιβή σας όταν εργάζεστε για αυτόν τον πελάτη.
- Ένας πελάτης δεν θα σας αναγκάσει ποτέ να μειώσετε τις τιμές σας. Το ζητάει και εσείς είτε συμφωνείτε είτε δεν συμφωνείτε. Ακούω πάρα πολλούς μεταφραστές να λένε: «Το τάδε γραφείο με ανάγκασε να κάνω έκπτωση». Όχι, δεν σας ανάγκασε. Η επιλογή εξαρτάται πάντα από εσάς.
- Υπάρχουν μη οικονομικοί λόγοι για τη συνεργασία με αυτόν τον πελάτη; Είναι το έργο του ιδιαίτερα ενδιαφέρον; Πληρώνει γρήγορα; Προσφέρει δουλειά σε μια εξειδίκευση με την οποία θέλετε να ασχοληθείτε;
- Πόσο κοντά βρίσκεστε στην επίτευξη του όγκου εργασίας ή του εισοδήματος που έχετε ως στόχο; Διαπιστώνω ότι πολλοί μεταφραστές αγχώνονται χωρίς λόγο επειδή απορρίπτουν δουλειές ή επειδή αρνούνται να κάνουν εκπτώσεις, ακόμη και όταν έχουν

42

τόση δουλειά όση θέλουν και βγάζουν αυτά που θέλουν να βγάλουν. Αυτό δεν είναι λογικό. Εάν δεν χρειάζεστε πραγματικά τη δουλειά ενός πελάτη, γιατί να συμφωνήσετε σε μια μειωμένη τιμή;

- *Καθιερώστε ένα ποσοστό "κόκκινης ζώνης", κάτω από το οποίο δεν θα πέσετε ποτέ, ό,τι κι αν συμβεί. Συνιστώ σε κάθε μεταφραστή να έχει τρεις ζώνες τιμών: πράσινη (ιδανική), κίτρινη (όχι ιδανική, αλλά αποδεκτή υπό ορισμένες συνθήκες) και κόκκινη (αποκλείεται). Αναγκαστείτε να παραμείνετε σε αυτό το ποσοστό της κόκκινης ζώνης: μην εργάζεστε ποτέ για λιγότερο από αυτό το νούμερο, σε καμία περίπτωση.*

9.2 Μεταφραστικά τεστ

Π ολλά γραφεία θα σας ζητήσουν να κάνετε ένα μεταφραστικό τεστ πριν συνεργαστείτε μαζί τους. Το αν θα δεχτείτε ή όχι εξαρτάται από το (πείτε το μαζί μου...) πόσο χρειάζεστε ή θέλετε τη δουλειά του πελάτη. Τα γραφεία μπορεί να σας ζητήσουν να κάνετε ένα μη αμειβόμενο τεστ, τελεία και παύλα. Είναι στο χέρι σας αν θα δεχτείτε, αλλά αν αρνηθείτε, δεν θα θεωρηθείτε υποψήφιος για εργασία με το συγκεκριμένο γραφείο. Οι δειγματικές μεταφράσεις τείνουν να μην έχουν μεγάλη βαρύτητα με τα γραφεία, επειδή προτιμούν να συγκρίνουν τη δουλειά όλων των υποψήφιων μεταφραστ(ρι)ών τους με το ίδιο δείγμα, προκειμένου να αξιολογούν τις συνήθεις λανθασμένες μεταφράσεις και τις δυσκολίες στο ύφος.

Αξίζει πάντα να ζητάτε να πληρωθείτε για ένα μεταφραστικό τεστ· το χειρότερο που μπορεί να σας πει το γραφείο είναι "όχι", και τότε μπορείτε ακόμα να αρνηθείτε να συμμετάσχετε στο τεστ, αν θέλετε. Έχω ανάμεικτα συναισθήματα για τα μη αμειβόμενα τεστ:

- Από τη μία πλευρά, οι μεταφραστές δεν είναι οι μόνοι επαγγελματίες που τους ζητείται κάτι τέτοιο. Όταν ψάχνω έναν νέο λογιστή ή σχεδιαστή ιστοσελίδας για την επιχείρησή μου, υποθέτω ότι προσφέρουν κάποιου είδους δωρεάν συζήτηση για το τι χρειάζομαι και αν μου ταιριάζουν. Ας πούμε ότι αυτή η συζήτηση διαρκεί συνήθως 15-30 λεπτά· πιο λίγο από όσο διαρκούν τα περισσότερα μεταφραστικά τεστ, αλλά και πάλι είναι κάτι. Επιπλέον, τα τεστ επιτρέπουν στα γραφεία να συγκρίνουν τη δουλειά πολλών μεταφραστ(ρι)ών στο ίδιο απόσπασμα· μπορούν επίσης να επιλέξουν ένα απόσπασμα που μοιάζει πολύ με τη δουλειά που συνήθως χρειάζονται να κάνουν οι μεταφραστές σε αυτόν τον συνδυασμό γλωσσών ή σε αυτήν την εξειδίκευση.

- Από την άλλη πλευρά, τα μη αμειβόμενα μεταφραστικά τεστ μπορεί να φανούν ως "εκμετάλλευση". Ακόμα και με 250 λέξεις περίπου, το μη αμειβόμενο τεστ θα πάρει στους περισσότερους μεταφραστές περίπου μία ώρα, συμπεριλαμβανομένης της διόρθωσης, και τις περισσότερες φορές η μόνη ανατροφοδότηση από το γραφείο είναι ένα "περάσατε" ή ένα "αποτύχατε". Οι μεταφραστές (δικαιολογημένα) απογοητεύονται όταν περνούν το μη αμειβόμενο τεστ ενός γραφείου και δεν λαμβάνουν δουλειά από αυτό το γραφείο για μήνες.

Τα μη αμειβόμενα τεστ είναι θέμα προτίμησης και, στην τελική, εξαρτώνται από το πόσο χρειάζεστε ή θέλετε τη δουλειά του συγκεκριμένου πελάτη. Επίσης, νομίζω ότι είναι έξυπνο για τα γραφεία να υπόσχονται απλώς σε νέους μεταφραστές μικρά έργα, προκειμένου να δουν πώς αποδίδουν σε πραγματικές καταστάσεις και όχι σε ένα αρκετά τεχνητό περιβάλλον τεστ (για παράδειγμα, χωρίς κάποια προθεσμία).

ΜΑΡΚΕΤΙΝΓΚ ΚΑΙ ΕΥΡΕΣΗ ΜΕΤΑΦΡΑΣΤΙΚΩΝ ΓΡΑΦΕΙΩΝ

Κεφάλαιο 10: Η μεταβαλλόμενη πραγματικότητα της αγοράς των γραφείων

Η αγορά των γραφείων έχει αλλάξει πολύ τα δεκαπέντε χρόνια που εργάζομαι ως ελεύθερη επαγγελματίας. Πιστεύω ότι οι μεταφραστές μπορούν ακόμη να είναι επιτυχημένοι όταν εργάζονται κυρίως ή αποκλειστικά με πελάτες-γραφεία, αλλά θα έλεγα ότι:

- Η συνεργασία με πολλά γραφεία, ιδίως μεγάλα, είναι πλέον μια αρκετά απρόσωπη και συναλλακτική διαδικασία. Υπάρχει πολύ μεγαλύτερη κατηφορική πίεση των τιμών από ό,τι όταν ξεκίνησα εγώ στην αγορά των γραφείων, και ορισμένα από τα γραφεία με τα οποία ξεκίνησα πριν από δεκαπέντε χρόνια πληρώνουν τώρα λιγότερα από ό,τι πλήρωναν τότε. Πολλά από τα μεγαλύτερα γραφεία δεν αναπτύσσουν, ούτε καν επιθυμούν, προσωπικές σχέσεις με τους μεταφραστές τους· θέλουν απλώς να ξέρουν αν μπορείτε να αναλάβετε τη δουλειά που χρειάζονται να κάνουν, ξεκινώντας τώρα. Υπό αυτές τις συνθήκες, γίνεται κατανοητό ότι πολλοί μεταφραστές αρχίζουν να αισθάνονται ότι είναι σαν γρανάζια κάποιας μηχανής.
- Είναι δύσκολο να βγουν τα προς το ζην με χαμηλές τιμές γραφείου. Στο κατώτερο άκρο της αγοράς των γραφείων, ο όγκος είναι μεγάλος και οι τιμές χαμηλές, γεγονός που απαιτεί από τους μεταφραστές να θέτουν σχετικά χαμηλούς οικονομικούς στόχους, να μεταφράζουν πολύ μεγάλους όγκους κειμένων ή και τα δύο.
- Ενώ όλο και περισσότερα άτομα εισέρχονται στην αγορά των ελεύθερων επαγγελματιών, τα καλά γραφεία έχουν μικρότερο κίνητρο να συνεργαστούν με αρχάριους. Είναι πλέον σύνηθες να

46

βλέπουμε γραφεία να λένε απλώς –τουλάχιστον για τα πιο συνηθισμένα ζεύγη γλωσσών– ότι δεν δέχονται αιτήσεις από μεταφραστές με εμπειρία μικρότερη των τριών ετών ή χωρίς κάποιο είδος πιστοποίησης. Αυτό οφείλεται στο γεγονός ότι τα γραφεία αυτά λαμβάνουν τόσες πολλές μη ζητηθείσες αιτήσεις, που έχουν την πολυτέλεια να είναι επιλεκτικά.

- Τα ποιοτικά, καλά γραφεία –αυτά με τα οποία θέλουν να συνεργαστούν οι περισσότεροι μεταφραστές– είναι συχνά πλήρως στελεχωμένα και δεν αναζητούν ενεργά μεταφραστές, εκτός αν πρόκειται για ένα δυσεύρετο ζεύγος γλωσσών ή εξειδίκευση. Πιθανώς, για να λάβετε δουλειά από αυτό το γραφείο, θα χρειαστεί να περιμένετε μέχρι να φύγει ένας από τους τακτικούς μεταφραστές του ή μέχρι το ίδιο το γραφείο να αποκτήσει έναν νέο πελάτη.
- Πολλά γραφεία απαιτούν να γνωρίζετε από ειδικά μεταφραστικά εργαλεία, όπως λογισμικό μεταφραστικής μνήμης, πρόσθετα μηχανικής μετάφρασης, λογισμικό ελέγχου ποιότητας όπως το XBench κ.λπ. Πολλά γραφεία που απαιτούν αυτά τα εργαλεία θέτουν επίσης εκπτώσεις μεταφραστικής μνήμης, απαιτώντας από εσάς να χρεώνετε λιγότερο από το 100% της τιμής ανά λέξη, ανάλογα με το ποσοστό αντιστοιχίας του τμήματος κειμένου που μεταφράζετε.

Αυτό δεν σημαίνει ότι η αγορά των γραφείων είναι κακή ή ότι πρέπει να αποφεύγεται. Αλλά, πριν εισέλθετε στην αγορά των γραφείων, είναι σημαντικό να είστε ρεαλιστές σχετικά με τις προκλήσεις που υπάρχουν εκεί!

Ερωτήσεις από αναγνώστες και αναγνώστριες

Ε υχαριστώ πολύ τους αναγνώστες και τις αναγνώστριες του ιστολογίου μου, Thoughts on Translation[1], που υπέβαλλαν τις ερωτήσεις που θα διαβάσετε σε αυτό το κεφάλαιο. Ορισμένα από αυτά τα άτομα μου έδωσαν την άδεια να αναφέρω τα ονόματά τους και άλλα προτίμησαν να παραμείνουν ανώνυμα.

Ερώτηση:

Όταν πρωτοξεκίνησα ως ελεύθερη επαγγελματίας μεταφραστής, έγινα μέλος του ProZ.com και περίμενα να εμφανιστούν αναρτήσεις στις οποίες θα ήθελα να εργαστώ για να εκπληρώσω τους οικονομικούς μου στόχους. Ωστόσο, όταν εξειδικεύτηκα περισσότερο, ένιωσα πως αυτή η προσπάθεια με απογοήτευε περισσότερο, επειδή τα γραφεία που αναρτούσαν στον εν λόγω ιστότοπο δεν ήταν διατεθειμένα να πληρώσουν αυτά που έπρεπε να βγάλω για να ζήσω αξιοπρεπώς. Πώς μπορούμε να στοχεύσουμε στα σωστά γραφεία για να εργαστούμε, δεδομένων των εξειδικεύσεων και των οικονομικών μας στόχων;»

— Rose Tello

Απάντηση:

Υπάρχουν κάμποσες επιλογές εδώ:

- Κάντε μια απλή αναζήτηση στο Google (π.χ. "μεταφραστικό γραφείο ιατρικών μεταφράσεων" ή "ιατρικές μεταφράσεις").
- Αναζητήστε στο Payment Practices ή στο ProZ Blue Board γραφεία με την εξειδίκευσή σας στην επωνυμία τους.
- Ζητήστε συστάσεις από μεταφραστές που εργάζονται στις εξειδικεύσεις σας, αλλά σε άλλα ζεύγη γλωσσών – έτσι ώστε να μη

---

1. http://www.thoughtsontranslation.com

φανεί ότι προσπαθείτε να "κλέψετε" τους πελάτες τους.

- Επιδιώξτε ενεργά τις τοπικές υπηρεσίες με τις οποίες μπορείτε να συναντηθείτε από κοντά.

- Δικτυωθείτε ενεργά σε συνέδρια της μεταφραστικής βιομηχανίας, όπως το συνέδριο ATA, όπου μπορείτε να συναντήσετε γραφεία αυτοπροσώπως.

Μόλις ανεβείτε στην αγορά της μετάφρασης, θα πρέπει επίσης να αποδεχτείτε ότι πολλά –ή ίσως τα περισσότερα– γραφεία μπορεί να μη θέλουν να πληρώσουν τις επιθυμητές τιμές σας. Κανένα πρόβλημα: έχετε ολοκληρώσει το σημαντικό βήμα του υπολογισμού του ποσού που χρειάζεστε ή θέλετε να βγάλετε και δεν χρειάζεστε εκατοντάδες πελάτες που θα πληρώσουν τις επιθυμητές τιμές σας. Χρειάζεστε μόνο αρκετούς πελάτες για να πετύχετε το επιθυμητό μηνιαίο ή ετήσιο εισόδημά σας.

Ερωτήσεις:

1. Υπάρχει τρόπος να πείσω ένα μεταφραστικό γραφείο, στις απαιτήσεις του οποίου περιλαμβάνεται τριετής εμπειρία στον κλάδο της μετάφρασης, να συνεργαστεί μαζί μου, παρόλο που έχω μόνο ένα έτος εμπειρίας στη μετάφραση, αλλά πολλά περισσότερα σε έναν τομέα (όπως ο χρηματοοικονομικός);

2. Πώς μπορώ να αυξήσω τις τιμές μου σε ένα γραφείο με το οποίο συνεργάζομαι για πάνω από έναν χρόνο;

3. Τι μπορώ να κάνω όταν, μετά από ένα τεστ, το γραφείο μου λέει ότι απέτυχα, ενώ στην πραγματικότητα όσα έχει διορθώσει ο επιμελητής/ διορθωτής τους είναι λανθασμένα; — Karine Derancy

Απαντήσεις:

1. Θα συνιστούσα να το δείτε αυτό σε ατομική βάση με το γραφείο. Οπωσδήποτε μην παρακάμψετε απλώς τις απαιτήσεις τους: αν λένε πως "απαιτείται τριετής εμπειρία", μην υποβάλλετε απλώς την αίτησή σας σαν να μην υπόκεισθε στην εν λόγω απαίτηση. Νομίζω ότι η καλύτερη επιλογή θα ήταν να τους στείλετε ένα email, λέγοντας: «*Είδα στον ιστότοπό σας ότι η τριετής εμπειρία είναι*

προαπαιτούμενο προκειμένου να υποβάλω αίτηση ως ελεύθερη επαγγελματίας μεταφράστρια. Παρόλο που ασχολούμαι με τη μετάφραση μόλις έναν χρόνο, έχω Χ χρόνια εμπειρίας στον χρηματοοικονομικό τομέα, συμπεριλαμβανομένων των θέσεων ως Χ, Υ και Ζ και των τάδε δεξιοτήτων, που εφαρμόζω στα χρηματοοικονομικά μεταφραστικά μου έργα. Θα με καθιστούσε αυτό κατάλληλη υποψήφια για να υποβάλω αίτηση για ανεξάρτητη εργασία στο γραφείο σας;»

2. Η καλύτερη στιγμή για να διαπραγματευτείτε μια υψηλότερη τιμή είναι προτού εργαστείτε για το γραφείο και κατά προτίμηση όταν δεν είστε απελπισμένοι να λάβετε δουλειά. Έτσι, θα νιώθετε πιο καλά να αποχωρήσετε αν το γραφείο δεν πληρώσει τις τιμές σας. Μόλις αρχίσετε να εργάζεστε για το γραφείο, έχετε μερικές επιλογές, ανάλογα με το πόσο χρειάζεστε ή θέλετε τη δουλειά που σας προσφέρει:

- *«Από την 1η Αυγούστου, η βασική μου τιμή θα αλλάξει σε Χ λεπτά ανά λέξη. Εκτιμώ πολύ την επιχείρησή σας, και προκειμένου να εξοικονομήσετε και εσείς χρόνο αλλά και εγώ, σας παρακαλώ να επικοινωνείτε μαζί μου μόνο για έργα για τα οποία αυτή η τιμή είναι εντός του προϋπολογισμού σας».* Αυτό κάνει σαφές το τι θέλετε και λέει επίσης στο γραφείο ότι αν δεν μπορεί να πληρώσει την υψηλότερη τιμή σας, τότε δεν ενδιαφέρεστε να συνεργαστείτε μαζί του πλέον.

- *«Κατά την αναθεώρηση της προόδου μου για το περασμένο έτος, παρατήρησα ότι η τιμή που σας χρεώνω από [ημερομηνία] είναι πλέον σημαντικά χαμηλότερη από τις τιμές που πληρώνουν οι άλλοι πελάτες-γραφεία μου. Η συνεργασία μου μαζί σας είναι ωραία, και εκτιμώ πολύ την επιχείρησή σας. Ωστόσο, θεωρώ απαραίτητο να αυξήσω την τιμή μου στο μέσο ποσοστό που πληρώνουν οι άλλοι πελάτες-γραφεία μου, δηλαδή στα Χ ευρώ. Θα συνεχίσω να χρεώνω την τρέχουσα τιμή μου μέχρι [ημερομηνία]. Έπειτα, θα τεθεί σε ισχύ η νέα μου τιμή».* Με αυτά τα λόγια, επιτυγχάνετε παρόμοιο αποτέλεσμα, αλλά με περισσότερη εξήγηση.

- *«Κατά την αναθεώρηση της προόδου μου για το περασμένο έτος, παρατήρησα ότι η τιμή που σας χρεώνω από [ημερομηνία] είναι πλέον πολύ χαμηλότερη από τις τιμές που πληρώνουν οι άλλοι πελάτες-γραφεία μου. Θα μπορούσαμε να συζητήσουμε τις πιθανές αλλαγές στη ροή εργασιών μου από εσάς εάν αυξήσω την τιμή μου σε X λεπτά ανά λέξη;»* Αυτό το email θα μπορούσε να θεωρηθεί ως "διερευνητικό", για να δείτε αν ο πελάτης θα πληρώσει περισσότερα, αλλά φανερώνει επίσης μια κάποια διστακτικότητα, και δεν θέλετε να δώσετε στον πελάτη τέτοια εντύπωση.

1. Η αποτυχία στο τεστ ενός γραφείου δεν είναι ποτέ διασκεδαστική. Μπορείτε βεβαίως να προσπαθήσετε –με ευγενικό τρόπο– να επισημάνετε τα λάθη που πέρασε ο επιμελητής/διορθωτής. Ωστόσο, πολλά γραφεία δεν θέλουν να διαπραγματεύονται τα αποτελέσματα των τεστ: αν το άτομο που αξιολόγησε το τεστ σάς λέει ότι αποτύχατε, το γραφείο είναι απίθανο να προβεί σε αναθεώρηση. Προσωπικά, εγώ απλώς θα προσπερνούσα το γεγονός, αφού η σχέση σας με το γραφείο είναι απίθανο να βελτιωθεί μετά από αυτήν την εμπειρία. Αλλά, αν θέλετε να το αναφέρετε, νομίζω ότι αξίζει να στείλετε ένα προσεκτικά διατυπωμένο email.

Ερώτηση:
Αναρωτιέμαι πώς να βρω μικρότερα γραφεία και πώς να κάνω μάρκετινγκ σε αυτά. — Anton Filinov
Απάντηση:
Αυτό είναι πολύπλοκο, επειδή πολλά από αυτά τα γραφεία δεν φαίνονται τόσο πολύ –στο διαδίκτυο, σε συνέδρια– όσο τα μεγαλύτερα γραφεία. Επιπλέον, όπως ανέφερα παραπάνω, τα μικρότερα γραφεία χρησιμοποιούν λιγότερους μεταφραστές και συνεπώς είναι λιγότερο πιθανό να προσλαμβάνουν ενεργά νέους μεταφραστές. Έτσι, μπορεί να χρειαστεί να

επικοινωνήσετε μαζί τους πολλές φορές και να περιμένετε υπομονετικά μέχρι να σας χρειαστούν. Θα σας συνιστούσα:

- Να έρθετε σε προσωπική επαφή με γραφεία στην περιοχή σας.
- Να λάβετε παραπομπές από μεταφραστές που εργάζονται σε άλλα ζεύγη γλωσσών.
- Να αναφέρετε στον ιστότοπό σας, στο προφίλ σας στο LinkedIn κ.λπ. ότι προτιμάτε να συνεργάζεστε με μικρότερα γραφεία.
- Να "ανεβάσετε" το προφίλ σας συγγράφοντας άρθρα δημοσιεύσεων που αφορούν τον μεταφραστικό κλάδο, κάνοντας παρουσιάσεις σε συνέδρια κ.λπ.

Ερωτήσεις:

1. *Πώς θα πρέπει να ενεργήσω όταν ο μακροβιότερος πελάτης-γραφείο μού λέει ότι δεν μπορεί να αυξήσει τις τιμές μου και εξακολουθώ να θέλω να συνεργαστώ μαζί του επειδή εκτιμώ τα έργα που μου στέλνει καθώς και τις έγκαιρες πληρωμές του;*
2. *Εάν ένας πελάτης-γραφείο με πιέζει να αναλάβω ένα έργο που έχω ήδη ευγενικά απορρίψει, πώς πρέπει να απαντήσω ώστε να ακουστώ αποφασισμένος αλλά όχι αδιάντροπος; Πρέπει να ακούγομαι αδιάντροπος; — Ανώνυμος*

Απαντήσεις:

1. Η κατάσταση αυτή αποτελεί δίλημμα για πολλούς ελεύθερους επαγγελματίες· είναι επίσης μια λογική για να μην εξαρτώνται υπερβολικά από έναν πελάτη. Σε έναν ιδανικό κόσμο, θα θέτατε απλώς μια ελάχιστη τιμή κάτω από την οποία δεν θα πέφτατε, και στη συνέχεια θα αρνούσασταν να συνεργαστείτε με οποιονδήποτε πελάτη δεν συμφωνεί με αυτήν την τιμή. Στον πραγματικό κόσμο, υπάρχουν σημαντικές μη οικονομικές εκτιμήσεις, συμπεριλαμβανομένων αυτών που αναφέρατε. Επιπλέον, το

γραφείο έχει ξεκαθαρίσει τη θέση του: δεν μπορεί ή δεν θέλει να πληρώσει περισσότερα, και εναπόκειται σε εσάς να αποφασίσετε τι θα κάνετε με αυτήν την πληροφορία. Θα μπορούσατε:

- Απλώς να σταματήσετε να συνεργάζεστε μαζί του εάν δεν πληρώνει την ελάχιστη τιμή σας.
- Να συνεχίσετε να εργάζεστε μαζί του προς το παρόν, ενώ αναζητάτε πελάτες που πληρώνουν περισσότερα.
- Να ορίσετε μια ποσότητα έργων που θα κάνετε για αυτό το γραφείο κάθε μήνα, χωρίς να υπερβαίνετε αυτήν την ποσότητα.
- Να συμβιβαστείτε με το γεγονός ότι δεν θα πληρώσει την ελάχιστη τιμή σας και να αποδεχτείτε ότι σας αρέσει να συνεργάζεστε μαζί του για άλλους λόγους.

Δεν υπάρχει τέλεια λύση εδώ, εκτός από την αντικατάσταση αυτού του πελάτη με έναν άλλον που θα πληρώνει καλύτερα.

1. Ορισμένα γραφεία θα σας ρωτήσουν πολλές φορές αν μπορείτε να αναλάβετε ένα έργο, και δεν μπορείτε να τους κατηγορήσετε για την προσπάθειά τους. Θα έλεγα πως έχετε δύο επιλογές:

- Να αρνηθείτε ευγενικά αλλά αποφασιστικά: «*Δυστυχώς, θα πρέπει να αρνηθώ· ειλικρινά, δεν μπορώ να το αναλάβω*».
- Εξηγήστε τις περιστάσεις που θα σας επέτρεπαν να δεχτείτε: «*Θα μπορούσα να το αναλάβω αν μπορούσατε να παρατείνετε την προθεσμία κατά δύο ημέρες*» ή «*Θα μπορούσα να το αναλάβω αν ο προϋπολογισμός σας επιτρέπει την τιμή ταχείας παράδοσης*». Και στη συνέχεια εναπόκειται στο γραφείο να συμφωνήσει ή όχι.

Ερώτηση:
Με τη συνεχή κατηφορική πίεση στις τιμές των γραφείων που ασχολούνται με την εξειδίκευσή μου, ψάχνω να διευρύνω το πεδίο εργασίας μου για να συμπεριλάβω τομείς στους οποίους εργαζόμουν όταν ξεκινούσα, αλλά

στους οποίους είμαι λιγότερο εξειδικευμένη. Έχετε κάποια πρόταση για το πώς να αξιοποιήσω τις υπάρχουσες επαφές μου σε γραφεία για εργασία σε τομείς που έχω αφήσει στην άκρη, ώστε να αυξήσω την εξειδίκευσή μου σε αυτά; Συγκεκριμένα, έχω πιστοποιητικό στη νομική μετάφραση και έχω επίσης μεταφράσει γενικές μηχανολογικές μελέτες και μελέτες περιβαλλοντικών επιπτώσεων, αιτήσεις υποβολής προτάσεων κ.λπ. — Anne Louise

Απάντηση:

Μου έρχονται πολλές σκέψεις για τη συγκεκριμένη ερώτηση. Πρώτον, οι τομείς που αναφέρετε είναι τεχνικοί και απαιτητικοί· δεν είναι τομείς που θέλετε να ξεκινήσετε αν αισθάνεστε διστακτική. Επομένως, η πρώτη μου πρόταση είναι ότι πρέπει να ανεβάσετε τις δεξιότητές σας από "...λιγότερο εξειδικευμένη" σε ένα υψηλότερο επίπεδο. Παρακολουθήστε κάποια μαθήματα στο Coursera· πληρώστε έναν έμπειρο μεταφραστή για να σας καθοδηγήσει σε αυτούς τους τομείς ή να σας αναθέσει να ξαναμεταφράσετε τις παλιές μεταφράσεις του ως εξάσκηση, μέχρι να νιώσετε πραγματικά σίγουρη για τις ικανότητές σας. Ύστερα, έχετε μια πλατφόρμα από την οποία μπορείτε να προσεγγίσετε τις υπάρχουσες επαφές σας. *«Πρόσφατα, εμπλούτισα τις γνώσεις μου στον τομέα (της μετάφρασης γενικών μηχανολογικών μελετών, για παράδειγμα) παρακολουθώντας διάφορα διαδικτυακά μαθήματα μηχανολογίας, συμμετέχοντας σε ένα συνέδριο μηχανολόγων μηχανικών και κάνοντας πολλαπλές συνεδρίες ανάπτυξης δεξιοτήτων με έναν έμπειρο μεταφραστή κειμένων μηχανολογίας. Έχω προσθέσει τη μηχανολογία στη λίστα των εξειδικεύσεών μου, οπότε, παρακαλώ, να με έχετε υπόψη σας σε περίπτωση που λάβετε οποιαδήποτε έργα στο γλωσσικό μου ζεύγος».*

Ερώτηση:

Τα περισσότερα μεταφραστικά γραφεία αναζητούν τους ελεύθερους επαγγελματίες με τις χαμηλότερες τιμές και τον ταχύτερο χρόνο παράδοσης, μερικές φορές εις βάρος της ποιότητας. Φυσικά, στοχεύουν στο να βγάλουν όσο το δυνατόν περισσότερο κέρδος. Πώς θα περιγράφατε το μεταφραστικό γραφείο των ονείρων σας για συνεργασία και ποιες απαιτήσεις θα πρέπει να πληροί

ΜΑΡΚΕΤΙΝΓΚ ΚΑΙ ΕΥΡΕΣΗ ΜΕΤΑΦΡΑΣΤΙΚΩΝ ΓΡΑΦΕΙΩΝ

για να επιλέξετε να μεταφράσετε για αυτό το γραφείο, δεδομένου ότι έχετε τα κατάλληλα προσόντα για να βρείτε τους δικούς σας πελάτες; — Siret Entson

Απάντηση:

Αυτή η ερώτηση απευθύνεται σίγουρα σε πιο έμπειρους μεταφραστές. Στις μέρες μας, αν λάβω μια "ξαφνική" ερώτηση από ένα γραφείο, υπάρχουν πάρα πολλές πιθανότητες να μην πληρώσει τις τιμές μου και μπορεί να προσφέρει ίσως το μισό της ελάχιστης τιμής μου. Ωστόσο, εξακολουθώ να συνεργάζομαι με γραφεία και απολαμβάνω τα γραφεία με τα οποία συνεργάζομαι.

Το γραφείο των ονείρων μου:

- Έχει εσωτερική επαφή με τελικούς πελάτες, με τους οποίους θα ήταν δύσκολο να συνεργαστώ ως μεμονωμένη ελεύθερη επαγγελματίας, τις περισσότερες φορές επειδή έχουν σποραδική ανάγκη για μεγάλο όγκο έργων ή επειδή χρειάζονται πολλές γλώσσες και δεν θέλουν να συνεργαστούν με μεμονωμένους ελεύθερους επαγγελματίες.
- Με απομονώνει από το "δράμα του τελικού πελάτη". Χειρίζεται όλες τις μη μεταφραστικές πτυχές της εργασίας, έτσι ώστε εγώ απλώς να μεταφράζω.
- Με φέρνει σε επαφή με τους άλλους μεταφραστές που εργάζονται στα έργα στα οποία εργάζομαι και εγώ, ώστε να μπορούμε να συνεργαστούμε.
- Δεν παζαρεύει τιμές για μεμονωμένα έργα. Έχω μια στάνταρ τιμή που τους χρεώνω πάντα, και όταν επικοινωνούν μαζί μου για ένα έργο, είναι πρόθυμοι να πληρώσουν αυτήν την τιμή.

Οι μακροχρόνιοι πελάτες-γραφεία μου ταιριάζουν σε αυτό το προφίλ, και τα απολαμβάνω εξίσου με τους άμεσους πελάτες μου.

Ερώτηση:

Πολλά μεταφραστικά γραφεία μού ζητούν να παραδώσω ένα μη αμειβόμενο τεστ, παρόλο που είμαι ήδη πιστοποιημένη, και όταν τους απαντώ ότι θα προτιμούσα να τους δείξω δείγματα της σχετικής προηγούμενης εργασίας μου, απορρίπτουν την προσφορά. Θεωρείται η ανάληψη των μη αμειβόμενων τεστ πραγματικό εργαλείο μάρκετινγκ για την απόκτηση περισσότερων πελατών, πράγμα που σημαίνει ότι το ρίσκο πρέπει να το αναλάβουμε εμείς ως ελεύθεροι επαγγελματίες μεταφραστές; Πώς μπορούμε να το αποφύγουμε αυτό; Ή, τουλάχιστον, πώς μπορούμε να πείσουμε τους πελάτες ότι το μη αμειβόμενο τεστ δεν αντικατοπτρίζει τις πραγματικές ικανότητες ενός καλού μεταφραστή;» — Carolina Cortez, Dolores Guinazu και Hani Hassan

Απάντηση:

Τα μη αμειβόμενα τεστ είναι ένα πολύπλοκο θέμα. Όταν κάποιοι λένε ότι άλλοι επαγγελματίες δεν εργάζονται δωρεάν με αντάλλαγμα την υπόσχεση αμειβόμενης εργασίας, διαφωνώ. Όταν προσλαμβάνω έναν νέο σχεδιαστή ιστοσελίδων, λογιστή κ.λπ. είθισται –τουλάχιστον εκεί που ζω εγώ– το άτομο να προσφέρει μια μη αμειβόμενη συζήτηση για να διαπιστώσουμε αν ταιριάζουμε. Από την εμπειρία μου, τα γραφεία είναι απίθανο να δεχτούν δείγματα της προηγούμενης δουλειάς σας αντί για ένα τεστ, ίσως/πιθανότατα επειδή θέλουν να συγκρίνουν τη δουλειά σας με τη δουλειά άλλων μεταφραστ(ρι)ών που έχουν επίσης μεταφράσει το συγκεκριμένο τεστ – το γραφείο γνωρίζει ποιες παγίδες υπάρχουν και πού βρίσκονται τα δύσκολα σημεία και θέλει να δει πώς θα τα χειριστείτε εσείς. Επίσης, τα γραφεία δεν θα σας παράσχουν λεπτομερή σχόλια για το τεστ σας· θα σας πουν απλώς αν περάσατε ή αν αποτύχατε. Πιθανώς αυτό συμβαίνει επειδή δεν θέλουν να διαιτητεύσουν μια διαφωνία μεταξύ εσάς και του ατόμου που αξιολόγησε το τεστ. Εάν τα μη αμειβόμενα τεστ σάς ενοχλούν πραγματικά, μην τα κάνετε. Αναζητήστε πελάτες που δεν τα απαιτούν. Αξίζει επίσης να προσφέρετε στο γραφείο μια εναλλακτική λύση. Δοκιμάστε να τους πείτε ότι δεν αναλαμβάνετε τεστ, επειδή αισθάνεστε ότι δεν αντικατοπτρίζουν τον τρόπο με τον οποίο εργάζεστε υπό πραγματικές συνθήκες (για παράδειγμα, όσον αφορά την προθεσμία). Αντ' αυτού, προτείνετε στο γραφείο να ξεκινήσετε με ένα έργο με ελάχιστη χρέωση. Εάν επιλέξετε να συμμετάσχετε σε μη αμειβόμενα τεστ, θα σας συνιστούσα:

- Να περιορίσετε το τεστ σε περίπου 250 λέξεις. Αυτό το μέγεθος είναι αρκετό για να μπορέσει το γραφείο να αντιληφθεί τις ικανότητές σας, και λογικά δεν θα σας πάρει πάνω από 45 λεπτά να το ολοκληρώσετε, όσο προσεκτικά και αν κάνετε τη δουλειά σας.

- Να συζητήσετε για τις τιμές και τη ζήτηση πριν από το τεστ.

«Προκειμένου να συμμετάσχω στο μη αμειβόμενο τεστ σας, θα πρέπει πρώτα να επιβεβαιώσω ότι η ελάχιστη τιμή μου (Χ λεπτά ανά λέξη) είναι εντός του εύρους των τιμών που πληρώνετε για το γλωσσικό μου ζεύγος και ότι είτε έχετε είτε προβλέπετε ότι θα χρειαστείτε επιπλέον μεταφραστές στο γλωσσικό μου ζεύγος, έτσι ώστε να αρχίσω να λαμβάνω εργασία από εσάς αμέσως μετά την ολοκλήρωση του τεστ, εφόσον το περάσω». Πιστεύω πως είναι σημαντικό να συζητάτε για τις τιμές εκ των προτέρων –έτσι, εξοικονομείτε χρόνο και εσείς και το γραφείο– και να διευκρινίζετε ότι δεν κάνετε τεστ μόνο και μόνο για να προστεθείτε σε μια μακρά λίστα μεταφραστ(ρι)ών που μπορεί να πάρουν ή να μην πάρουν δουλειά από το εν λόγω γραφείο.

Ερώτηση:
Ποια είναι η γνώμη σας για τη χρήση πλατφορμών όπως το Fiverr κ.λπ. – οι οποίες δεν είναι στην πραγματικότητα μεταφραστικά γραφεία, αλλά πλατφόρμες για την αναζήτηση διαφόρων ευκαιριών για ανεξάρτητη εργασία; Έχετε να προτείνετε οτιδήποτε για να λάβουν οι μεταφραστές μεταφραστική εργασία; — Dan Villarreal

Απάντηση:
Αυτού του είδους οι διαδικτυακές πλατφόρμες (Fiverr, Upwork κ.λπ.) μπορεί να είναι είτε εξαιρετικές είτε απαίσιες, ανάλογα με το τι θα βρείτε. Κατά μία έννοια, είναι μη ρεαλιστικό να αναζητάτε εργασία σε έναν ιστότοπο όπως το Fiverr και να εκπλήσσεστε που βρίσκετε εκεί μόνο εργασίες χαμηλού επιπέδου. Κάποιος που ψάχνει για μεταφραστή σε έναν ιστότοπο που διαφημίζεται ως "Τα πάντα 5 δολάρια!" δεν είναι πιθανό να είναι πελάτης υψηλής ποιότητας. Από την άλλη πλευρά, όταν ένας πελάτης που δεν γνωρίζει τίποτα για τη μετάφραση πρέπει να βρει έναν μεταφραστή, είναι

57

πιθανό να ψάξει στο ίδιο μέρος που θα έψαχνε για οποιοδήποτε άλλο είδος παροχής υπηρεσιών: στο Fiverr, στο Upwork, στο Thumbtack, ακόμη και στο Craigslist. Έτσι, η ήρα μπορεί να ξεχωρίσει από το σιτάρι. Η πρότασή μου θα ήταν να επικεντρωθείτε σε ιστότοπους όπως το Upwork, όπου ορίζετε εσείς την τιμή σας και οι πελάτες τη βλέπουν στο προφίλ σας. Για παράδειγμα, όταν ήθελα να επεκτείνω τη συγγραφική πλευρά της επιχείρησής μου, έκανα ένα προφίλ στο Upwork, αναγράφοντας ξεκάθαρα την τιμή των 90 δολαρίων την ώρα. Κατάφερα να βρω μερικούς εξαιρετικούς πελάτες που δεν έψαχναν για μια λύση των 5 δολαρίων.

Ερώτηση:

Σκεφτείτε ότι μεταφράζετε για πάνω από τέσσερα χρόνια για ένα γνωστό μεταφραστικό γραφείο με μεγάλη επιτυχία. Σας βαθμολογούν περισσότερες από μία φορές ως "εξαιρετικός" και "πολύ ικανοποιημένος" στο πρόγραμμα WWA (προθυμία για εκ νέου συνεργασία) του ProZ και σας στέλνουν φιλοφρονητικά σχόλια μετά την παράδοση των μεταφράσεων. Αποφασίζετε μία φορά να αναφέρετε την επιτυχημένη συνεργασία που έχετε (χωρίς να αναφέρετε τα ονόματα των πελατών τους ή τα εμπορικά σήματα ή το εμπιστευτικό περιεχόμενο της μετάφρασης) στο πορτφόλιό σας. Το γραφείο επικοινωνεί μαζί σας απαγορεύοντάς σας να αναφέρετε ότι εργάζεστε γι' αυτό, και όταν ρωτάτε "γιατί όχι", η συζήτηση παραπέμπεται από τον υπεύθυνο του έργου στην εκτελεστική διαχείριση. Την επόμενη ημέρα, απλώς ενημερώνεστε μέσω email ότι το γραφείο δεν χρειάζεται πλέον τις μεταφραστικές σας υπηρεσίες επειδή έχει αρκετούς μεταφραστές στα ζεύγη γλωσσών σας (στην περίπτωσή μου, δύο ζεύγη γλωσσών!)» — Ανώνυμος*

Απάντηση:

Πλάκα έχουν οι πελάτες! Πέρα από την πλάκα, όμως, λέω πάντα στους μαθητές στα μαθήματά μου ότι η ασφαλέστερη επιλογή είναι να μην αναφέρετε **ποτέ** το όνομα ενός πελάτη, εκτός αν έχετε την έγγραφη άδειά του. Ειλικρινά, ποιος ξέρει ποιες είναι οι αντιρρήσεις του πελάτη; Αν απολαμβάνει τη συνεργασία μαζί σας, σίγουρα η φήμη του δεν θα αμαυρωθεί από μια δημόσια αναφορά στη σχέση σας μαζί του. Αλλά στην τελική, ο πελάτης είναι αυτός που πληρώνει – με τη μορφή των τιμολογίων σας και, κατ' επέκταση, τα έξοδα διαβίωσης και τους λογαριασμούς του νοικοκυριού σας. Επομένως, θα επέλεγα την ασφαλή επιλογή και δεν θα ανέφερα ποτέ συγκεκριμένους πελάτες ονομαστικά, εκτός αν τους το είχα ζητήσει γραπτώς και είχαν συμφωνήσει.

Ερώτηση:

Εργάζομαι με τα πορτογαλικά Βραζιλίας ως γλώσσα-στόχο, αλλά δεν ζω στη Βραζιλία· ζω στην Ευρώπη. Η διαφορά μεταξύ του ευρώ και του βραζιλιάνικου νομίσματος είναι τεράστια: 1 ευρώ = 3,3 ρεάλ Βραζιλίας. Τα ευρωπαϊκά μεταφραστικά γραφεία που έρχονται σε επαφή μαζί μου για δουλειές στα πορτογαλικά Βραζιλίας περιμένουν να χρεώσω την ίδια (χαμηλότερη) τιμή ανά λέξη (λόγω του ασθενέστερου νομίσματος) που χρεώνουν στη Βραζιλία οι ντόπιοι Βραζιλιάνοι μεταφραστές, παρά το γεγονός ότι ζω στην Ευρώπη με άλλο (ισχυρότερο) νόμισμα και όπου όλοι οι μεταφραστές της ΕΕ χρεώνουν κατά μέσο όρο τρεις φορές υψηλότερη τιμή από ό,τι οι Βραζιλιάνοι. Πώς μπορώ να βγάλω τα προς το ζην με αυτό το παρεξηγημένο (αλλά αρκετά βολικό για τον πελάτη) σκεπτικό; — Ανώνυμος

Απάντηση:

Τα πορτογαλικά Βραζιλίας δεν είναι σίγουρα η μόνη γλώσσα που επηρεάζεται από αυτό το φαινόμενο· θα τολμούσα να υποθέσω ότι τα ισπανικά, τα ρωσικά και η πλειονότητα των γλωσσών της Ανατολικής Ευρώπης έχουν επίσης πληγεί πολύ από αυτό το φαινόμενο. Η υπέρτατη επιλογή –να εξαφανίσουμε το Ίντερνετ και να εμποδίσουμε τους πελάτες να έχουν πρόσβαση σε μεταφραστές σε χώρες με χαμηλότερο κόστος διαβίωσης ή χαμηλότερες επικρατούσες τιμές μετάφρασης– μοιάζει απίθανη. Θα συνιστούσα:

- Να είστε ειλικρινείς με τους πελάτες: δεν έχετε την πολυτέλεια να χρεώνετε όσα χρεώνουν οι μεταφραστές στη Βραζιλία, επειδή ζείτε σε μια χώρα με υψηλότερο κόστος ζωής. Εάν οι πελάτες αναζητούν χαμηλές τιμές, δεν είναι η αγορά-στόχος σας.

- Να είστε ειλικρινείς με τον εαυτό σας: δεν μπορείτε να ανταγωνιστείτε τις τιμές που χρεώνουν οι μεταφραστές στη

Βραζιλία, επειδή ζείτε σε μια χώρα με υψηλότερο κόστος ζωής.

● Να κάνετε επιθετική αναζήτηση πελατών σε χώρες με υψηλότερες αποδοχές. Για παράδειγμα, τα γραφεία στην Ελβετία μπορεί να έχουν ανάγκη από μεταφραστές προς τα πορτογαλικά λόγω των διεθνών οργανισμών εκεί. Σε τελική ανάλυση, νομίζω ότι αυτή είναι η μόνη εφικτή λύση. Το να προσπαθείτε να λάβετε τιμές Ευρωζώνης από γραφεία που αναζητούν τιμές Βραζιλίας είναι πιθανό να οδηγήσει σε έντονη απογοήτευση τόσο εσάς όσο και τα γραφεία.

Ερώτηση:

Με την εξειδίκευσή μου (φαρμακευτική και ιατρική), είναι δύσκολο να βρω άμεσους πελάτες, γιατί πρόκειται συνήθως για τεράστιες εταιρείες με μεταφραστικά έργα μεγάλης κλίμακας (πολύ μεγάλα για μια μεταφράστρια). Έτσι, συνεργάζομαι με γραφεία, και είμαι εντάξει με αυτό. Αλλά ένα από τα προβλήματα όταν συνεργάζεσαι με γραφεία είναι η δυσκολία να λάβεις μαρτυρίες. Τα περισσότερα από αυτά τα γραφεία αρνούνται να δημοσιεύσουν οποιαδήποτε ανατροφοδότηση. Υποθέτω πως αυτό οφείλεται σε κάποιες εμπορικές σκοπιμότητες (ανταγωνισμός και ούτω καθεξής). Αλλά τι μπορούμε να κάνουμε; Οι συστάσεις των πελατών είναι τόσο σημαντικές στον κλάδο μας! Χωρίς μαρτυρίες, μια μεταφράστρια που συνεργάζεται με γραφεία φαίνεται κατώτερη από μια μεταφράστρια που συνεργάζεται με άμεσους πελάτες: απλώς δεν έχουμε καμία απόδειξη των επιτυχημένων εργασιακών μας σχέσεων». — *Tatyana Nikitina και Rachael Koev*

Απάντηση:

Αυτό είναι σίγουρα θέμα, ειδικά όταν θέλετε να ξεφύγετε από την αυτοπροβολή, όπου το 99% των μεταφραστ(ρι)ών γράφει για τον εαυτό του, δηλαδή «είμαι γρήγορη, προσεχτική και αξιόπιστη!» Αυτό που λέει ένας πελάτης για εσάς είναι πολύ πιο δυνατό από αυτό που λέτε εσείς για τον εαυτό σας. Μερικές επιλογές είναι οι εξής:

● Ψάξτε τα παλιά σας email για θετικά σχόλια από πελάτες-γραφεία και χρησιμοποιήστε τα ανώνυμα. «Σας ευχαριστώ για την *εξαιρετική δουλειά σας σε αυτό το έργο· ο πελάτης έμεινε πραγματικά ευχαριστημένος».* — Υπεύθυνος έργου μεταφραστικού γραφείου.

- Στείλτε στους πελάτες-γραφεία σας μια έρευνα ικανοποίησης πελατών. Και πάλι, αυτή θα πρέπει να είναι ανώνυμη, αλλά θα μπορούσατε να δημιουργήσετε μια στο Survey Monkey πολύ εύκολα, με μερικές μόνο ερωτήσεις: *«Σε μια κλίμακα 1-5, πόσο ευχαριστημένοι ήσασταν με τις μεταφραστικές μου υπηρεσίες;»* / *«Σε μια κλίμακα 1-5, πόσο πιθανό είναι να συνεργαστείτε ξανά μαζί μου ή να με συστήσετε σε κάποιον συνάδελφο ή φίλο;»* / *«Θα θέλατε να κάνετε κάποια σχόλια σχετικά με τη δουλειά μου;»* Αυτές οι ερωτήσεις θα σας οδηγήσουν σε κάποια σχόλια που θα μπορούσατε να χρησιμοποιήσετε ανώνυμα.
- Ζητήστε από τους πελάτες-γραφεία σας να γράψουν μια σύσταση στο προφίλ σας στο LinkedIn. Με αυτόν τον τρόπο, δεν θα είναι άβολο αν αρνηθούν, ενώ κάποιοι μπορεί να δεχτούν. Το πλεονέκτημα εκεί είναι ότι το όνομά τους φαίνεται δημόσια, και μπορείτε να χρησιμοποιήσετε με ασφάλεια τη μαρτυρία χωρίς να φοβάστε ότι είναι εμπιστευτική.

Ερώτηση:

Πώς μπορώ να καθορίσω την τιμή που χρεώνω ανά λέξη στα μεταφραστικά γραφεία; Πώς μπορώ να αποφύγω να πέσω πολύ χαμηλά ή να ανέβω πολύ υψηλά; Το ζεύγος γλωσσών μου είναι Αγγλικά<>Ισπανικά. — *Beverly Hayes*

Απάντηση:

Οι περισσότεροι μεταφραστές βασίζουν τις αποφάσεις τους για την τιμή τους:

- Σε αόριστες εικασίες σχετικά με το τι χρεώνουν οι άλλοι ή τι θα αντέξει η αγορά.
- Στον φόβο ότι θα τιμολογήσουν πολύ υψηλά και δεν θα έχουν αρκετή δουλειά.

CORINNE MCKAY

Αντ' αυτού, δοκιμάστε το εξής: πρώτα, υπολογίστε πόσα χρήματα χρειάζεστε ή θέλετε να βγάζετε. Πόσα χρήματα θέλετε να έχετε στον τραπεζικό σας λογαριασμό κάθε μήνα; Προσθέστε σε αυτά όλα τα έξοδα της επιχείρησής σας: φόρους, ασφάλιση υγείας, διακοπές, συνταξιοδοτικές εισφορές, επαγγελματική ανάπτυξη, υλικό και λογισμικό υπολογιστών, συνδρομές σε επαγγελματικές ενώσεις, προμήθειες και εξοπλισμό γραφείου, τυχόν άτομα που προσλαμβάνετε (λογιστές, σχεδιαστές ιστοσελίδων κ.λπ.) κ.ο.κ. Θα βγει ένα μεγάλο νούμερο, αλλά συμβιβαστείτε με αυτό. Έπειτα, υπολογίστε πόσες ώρες τον χρόνο μπορείτε ή θέλετε να εργάζεστε. Πάρτε τις επιθυμητές ώρες εργασίας ανά εβδομάδα, πολλαπλασιάστε τες με τις επιθυμητές εβδομάδες εργασίας ανά έτος και αφαιρέστε τον χρόνο διακοπών, αργιών, αναρρωτικών αδειών κ.λπ. Διαιρέστε το επιθυμητό ακαθάριστο εισόδημά σας με τις ώρες εργασίας σας ανά έτος και θα έχετε την απαιτούμενη ωριαία τιμή για εσάς. Διαιρέστε την με τη μέση ταχύτητα μετάφρασής σας και θα έχετε την απαιτούμενη τιμή ανά λέξη για εσάς. Μετά, αναζητήστε πελάτες που θα πληρώσουν αυτήν την τιμή. Αυτός ο τρόπος είναι ο καλύτερος για να αντιμετωπίσετε αυτό το ζήτημα.

Το θέμα εδώ είναι ότι υπάρχουν πελάτες σε όλα τα εύρη τιμών. Και η χειρότερη κατάσταση που μπορεί να βρεθείτε ως ελεύθερος επαγγελματίας είναι να δουλεύετε σαν τρελοί και να μη βγάζετε αρκετά χρήματα. Έστω χωρίστε τις τιμές σας σε ζώνες: πράσινη (μια τιμή στην οποία δουλεύετε πάντα με χαρά), κίτρινη (μια τιμή στην οποία δουλεύετε μερικές φορές, αλλά όχι πάντα) και κόκκινη (μια τιμή κάτω από την οποία δεν δουλεύετε ποτέ). Αυτή η επιλογή είναι πολύ καλύτερη από το να κάνετε αιτήσεις σε γραφεία και να βλέπετε τι είναι διατεθειμένα να σας πληρώσουν.

Ερώτηση:

Τι πρέπει να κάνω για να συμπεριλάβω τις παραπομπές μου στο βιογραφικό μου σημείωμα ή ρεζουμέ όσον αφορά τη μετάφραση; Μεταφράζω από τα γερμανικά στα γαλλικά και —αραιά και που— από τα γαλλικά στα γερμανικά ή από τα κιρούντι στα γερμανικά. Τα τελευταία δεκαπέντε χρόνια συνεργάζομαι κυρίως με τρία γραφεία. Πρέπει να τους ζητήσω γραπτή άδεια για να αναφέρω δημοσίως ότι συνεργάζομαι μαζί τους; Έχω την ίδια ερώτηση

σχετικά με την αναφορά των γερμανόφωνων μαθητών μου ως παραπομπές. —
Hermenegilde Ntabiriho

Απάντηση:

Όπως ανέφερα σε προηγούμενη απάντηση, οι μόνες ασφαλείς επιλογές όσον αφορά τις παραπομπές και τις μαρτυρίες είναι:

- Να λάβετε εγγράφως την άδεια του πελάτη ή του μαθητή.
- Να κάνετε την παραπομπή ή τη μαρτυρία ανώνυμη.

Το θέμα εδώ είναι ότι ο πελάτης τήρησε το δικό του μέρος της συμφωνίας, πληρώνοντάς σας για τη δουλειά που κάνατε γι' αυτόν. Δεν είναι υποχρεωμένος να σας δώσει άδεια να δημοσιοποιήσετε το όνομά του, και δεν θα έπρεπε πραγματικά να σας νοιάζει, γιατί μπορεί να μη θέλει να φαίνεται το όνομά του – πάντα να ρωτάτε.

Ερώτηση:

Πώς αντιμετωπίζω τα μεταφραστικά γραφεία με τα οποία δεν θέλω να συνεργαστώ πλέον; Είμαι ελεύθερη επαγγελματίας μεταφράστρια εδώ και 1,5 χρόνο και στην αρχή της καριέρας μου ως ελεύθερη επαγγελματίας έκανα αίτηση –όντως– σε εκατοντάδες γραφεία. Τώρα έχω ένα σταθερό πελατολόγιο (μόνο γραφεία μέχρι στιγμής), με το οποίο μου αρέσει πραγματικά να συνεργάζομαι. Ωστόσο, δεδομένου ότι έχω υποβάλει αιτήσεις σε τόσα πολλά γραφεία, λαμβάνω τακτικά προσφορές από γραφεία με τα οποία δεν θέλω να συνεργάζομαι πλέον, γιατί ο τρόπος εργασίας τους δεν μου αρέσει (απρόσωπα ή μαζικά μηνύματα τύπου "Αγαπητή μεταφράστρια" ή "Συγγνώμη για το μαζικό μήνυμα, αλλά πρόκειται για ένα πολύ επείγον έργο". Θα πρέπει να τα κρατήσω στις επαφές μου σε περίπτωση που οι τακτικοί πελάτες μου δεν έχουν έργα να μου αναθέσουν, ή θα πρέπει να επικοινωνήσω απευθείας μαζί τους για να τους ζητήσω να διαγράψουν τα δεδομένα μου από το σύστημά τους; Και αν ναι, πώς να διατυπώσω το e-mail με επαγγελματικό και ευγενικό τρόπο; — Mandy Borchardt

Απάντηση:

Πρώτο και κύριο, συγχαρητήρια που έχετε μια σταθερή βάση τακτικών πελατών μετά από μόλις ενάμιση χρόνο στο ελευθέριο επάγγελμα! Τώρα, στο δίλημμά σας, το οποίο είναι καλό για τους ελεύθερους επαγγελματίες. Εγώ προτείνω:

- Για τα γραφεία των οποίων η σχέση μαζί σας είναι τόσο απρόσωπη που δεν χρειάζεται να απαντάτε στις προσφορές τους, απλώς μην κάνετε τίποτα. Αν η απαιτούμενη προσπάθεια από μέρους σας είναι μόνο να διαγράψετε τα email τους για έργα που δεν θέλετε να αναλάβετε, δεν φαίνεται επιτακτική η ανάγκη να τερματίσετε τη σχέση, και μπορείτε πάντα να τα κρατήσετε ως εφεδρικούς πελάτες σε περίπτωση που οι τακτικοί σας πελάτες δεν έχουν πολλή δουλειά να σας αναθέσουν.

- Αν σας ενοχλούν τα ίδια τα email –και τα μηνύματα τύπου "Συγγνώμη για το μαζικό email" μπορεί να είναι κάπως ψυχοπλακωτικά–, τότε ήρθε η ώρα να φανείτε θαρραλέοι. Θα μπορούσατε να δοκιμάσετε μία από τις δύο στρατηγικές: 1) ζητήστε από το γραφείο να αναπτύξει μια πιο προσωπική σχέση μαζί σας ή 2) απλά πείτε του ότι θέλετε να διαγραφείτε από τη λίστα του. Αν πιστεύετε ότι υπάρχει ελπίδα για μια πιο ικανοποιητική σχέση με τον συγκεκριμένο πελάτη, τότε κάτι τέτοιο θα μπορούσε να πιάσει: *«Σας ευχαριστώ πολύ για όλες τις προσφορές εργασίας που μου στείλατε τους τελευταίους μήνες. Λόγω του όγκου εργασίας που έχω από τους τακτικούς μου πελάτες, δεν απαντώ συχνά σε μαζικά email ή σε προσφορές έργων που δεν απευθύνονται ειδικά σε μένα. Ωστόσο, ενδιαφέρομαι πολύ να συνεργαστώ μαζί σας, εάν έχετε έργα που ανατίθενται απευθείας σε εμένα και όχι μέσω μαζικού email».* Αν προτιμάτε απλώς να ξεκόψετε, πείτε κάτι τέτοιο: *«Σας ευχαριστώ πολύ για όλες τις προσφορές εργασίας που μου στείλατε τους τελευταίους μήνες. Λόγω του όγκου εργασίας που έχω από τους τακτικούς μου πελάτες, θα ήθελα να διαγραφώ από τη λίστα των διαθέσιμων μεταφραστ(ρι)ών σας, για να εξοικονομήσω και τον δικό μου χρόνο αλλά και τον δικό σας. Ευχαριστώ, και ενημερώστε με αν χρειάζεστε περισσότερες πληροφορίες από εμένα προκειμένου να διαγράψετε το προφίλ μου».*

Ερώτηση:

Υπάρχει καμιά λίστα με καλά μεταφραστικά γραφεία; Έχω βρει μια στο Ίντερνετ που περιέχει εκατοντάδες γραφεία, αλλά αξίζει να κάνω αίτηση μόνο στο ένα τρίτο περίπου των γραφείων που αναφέρονται. Τα υπόλοιπα δεν έχουν καν επαγγελματική ιστοσελίδα και οι τιμές που ζητούν είναι απλά γελοίες – σκέτο χάσιμο χρόνου. Καμία πρόταση; — Sophie Roulland

Απάντηση:

Ο αγαπημένος μου τρόπος για να βρω γραφεία είναι το Payment Practices (paymentpractices.net). Δεν έχω κάποια συμφωνία με αυτό. Η συνδρομή δεν ξεπερνάει τα είκοσι δολάρια ετησίως και μπορείτε να τη χρησιμοποιήσετε για δύο λόγους: για να μάθετε τη γνώμη των μεταφραστ(ρι)ών για τη συνεργασία τους με ένα συγκεκριμένο γραφείο ή για να αναζητήσετε καλά γραφεία για να υποβάλλετε αίτηση.

Ερώτηση:

Κατά τη γνώμη σας, ποια στοιχεία διακρίνουν ένα "καλό" από ένα "κακό" γραφείο; Οι τιμές, οι προθεσμίες, η ποιότητα των υπευθύνων των έργων; Ποιες είναι οι βέλτιστες πρακτικές που υιοθετούν τα καλά γραφεία; — Paolo Dagonnier

Απάντηση:

Η απάντηση βασίζεται εν μέρει στις δικές σας προτιμήσεις – τα μαζικά email («Αγαπητοί μεταφραστές...») με τρελαίνουν, αλλά σε μερικούς μεταφραστές αρέσουν πολύ, επειδή δεν απαιτούν απάντηση αν δεν θέλουν το έργο. Ορισμένοι μεταφραστές θέλουν πραγματικά να έχουν μια προσωπική σχέση με τους πελάτες τους, ενώ άλλους δεν τους νοιάζει· προτιμούν να κάθονται στο γραφείο τους και να μεταφράζουν. Νομίζω ότι οι περισσότεροι μεταφραστές δεν είναι πρόθυμοι να εργαστούν για ένα γραφείο που πληρώνει πολύ χαμηλά, δεν πληρώνει εγκαίρως ή τους φέρεται άσχημα. Προσωπικά, προτιμώ να εργάζομαι για γραφεία όπου δεν χρειάζεται να παζαρεύω τις τιμές για μεμονωμένα έργα – πράγμα που σημαίνει ότι όταν το γραφείο επικοινωνεί μαζί μου, θα πληρώσει τη βασική μου τιμή. Μου αρέσει επίσης όταν αυτά τα γραφεία με φέρνουν σε επαφή με τους άλλους μεταφραστές με τους οποίους συνεργάζομαι σε ένα έργο, και μου αρέσει να εργάζομαι με γραφεία που καταβάλλουν φιλότιμες προσπάθειες να λαμβάνω απαντήσεις από τον τελικό πελάτη όταν έχω ερωτήσεις. Αλλά για μένα, αυτοί οι παράγοντες είναι κάπως δευτερεύοντες σε σχέση με έναν πελάτη που πληρώνει τις τιμές μου χωρίς παζάρια, πληρώνει εγκαίρως και με αντιμετωπίζει ως επαγγελματία.

Ερώτηση:

Θα ήθελα πολύ να μάθω πώς να κάνω την αίτησή μου σε ένα γραφείο να ξεχωρίζει από τις άλλες (πέρα από τα στοιχειώδη της σωστής ορθογραφίας και της συμπερίληψης όλων των απαραίτητων πληροφοριών στο βιογραφικό μου). Μπορώ να το κάνω αυτό κάπως δημιουργικά, για παράδειγμα ξεφεύγοντας από το κλασικό email "συνδυασμός γλωσσών, εξειδίκευση"; Μήπως να μιλήσω τηλεφωνικά με το γραφείο για να δω τι ψάχνει;» — Molly Yurick και Erin Woodard

Απάντηση:

Θεωρητικά, μου αρέσει η ιδέα της δημιουργικότητας. Ωστόσο, θα έρθετε επίσης αντιμέτωποι με το γεγονός ότι τα γραφεία πρέπει να σκανάρουν (στα γρήγορα) τις πληροφορίες σας σε μια αρκετά τυποποιημένη μορφή και αναζητούν στοιχεία όπως ο συνδυασμός γλωσσών και η εξειδίκευσή σας. Πολλά γραφεία μπορεί να κάνουν αναζήτηση στη βάση δεδομένων βιογραφικών τους χρησιμοποιώντας λέξεις-κλειδιά ("φαρμακευτικά, γερμανικά προς αγγλικά"), και θα θέλατε να ανήκετε και εσείς σε αυτό το πρότυπο. Αλλά μου αρέσει η ιδέα να τηλεφωνήσετε ή να στείλετε ένα email στο γραφείο για να δείτε τι ψάχνει (π.χ. ποιες είναι οι πιο περιζήτητες εξειδικεύσεις στο γλωσσικό σας ζεύγος;) πριν κάνετε αίτηση. Μου αρέσει επίσης η ιδέα να στείλετε στο γραφείο το στάνταρ βιογραφικό σας μίας ή δύο σελίδων *και* ένα –πιο δημιουργικά γραμμένο– μονοσέλιδο προφίλ, που θα μπορούσατε να χρησιμοποιήσετε για άμεσους πελάτες. Δεν θα αντικαθιστούσα το βιογραφικό σημείωμα με το μονοσέλιδο προφίλ, αλλά η αποστολή και των δύο μπορεί να είναι μια αξιόλογη επιλογή.

Ερώτηση:

ΜΑΡΚΕΤΙΝΓΚ ΚΑΙ ΕΥΡΕΣΗ ΜΕΤΑΦΡΑΣΤΙΚΩΝ ΓΡΑΦΕΙΩΝ

Θα ήθελα να μάθω πώς να αντιδράσω όταν οι "διαπραγματεύσεις" με τα γραφεία είναι μονόδρομος; Έρχομαι συχνά σε επαφή με γραφεία που δείχνουν να ενδιαφέρονται να συνεργαστούν μαζί μου. Αρχίζουμε να μιλάμε και μου λένε ότι θέλουν να ρίξω τις τιμές μου, ή να χρησιμοποιήσω ένα συγκεκριμένο εργαλείο αυτόματης μετάφρασης, ή το τάδε, ή το άλλο. Απαντώ όσο το δυνατόν πιο διακριτικά και βεβαιώνομαι ότι κατανοούν ότι είμαι ανοιχτή σε διαπραγματεύσεις, αλλά ότι θέλω αποζημίωση όταν συμφωνώ σε ένα από τα αιτήματά τους... και, συνήθως, απλώς εμμένουν στις απόψεις τους και θέλουν να κάνω εγώ όλη τη δουλειά. Έτσι, καταλήγω να αρνούμαι να εργαστώ υπό αυτές τις συνθήκες και απογοητεύομαι, επειδή δεν υπάρχει δυνατότητα περαιτέρω συζήτησης. Πώς μπορώ να διαπραγματεύομαι πιο αποτελεσματικά με τα γραφεία; — Sophie Vallery

Απάντηση:

Νομίζω ότι έχετε εκτιμήσει την κατάσταση πολύ ρεαλιστικά: Δεν μπορείτε να αλλάξετε τις απαιτήσεις του γραφείου, οπότε πρέπει να αποφασίσετε αν είστε διατεθειμένη να αλλάξετε τις προσδοκίες σας. Θεωρώ ότι αυτού του είδους η συμπεριφορά είναι κοντόφθαλμη από την πλευρά των γραφείων. Υποβιβάζουν τους μεταφραστές τους σε ένα συναλλακτικό εμπόρευμα, αντί να τους αντιμετωπίζουν ως ικανούς και καταρτισμένους επαγγελματίες που πρέπει να αξιολογούνται ως άτομα. Τα γραφεία με άκαμπτες απαιτήσεις όσον αφορά τις τιμές, το λογισμικό κ.λπ. αποκλείουν αναμφίβολα καλούς μεταφραστές που δεν θέλουν να συμμορφωθούν με αυτές τις απαιτήσεις. Αλλά στην τελική, το γραφείο θα επιλέξει. Εάν αισθάνεται ότι οι απαιτήσεις αυτές δεν το εμποδίζουν να βρει μεταφραστές που παράγουν μεταφράσεις με τις οποίες οι τελικοί πελάτες τους είναι πραγματικά ευχαριστημένοι, τότε είναι απίθανο να αλλάξει. Σε αυτήν την περίπτωση, το μόνο που μπορείτε να κάνετε είναι να καταθέσετε την άποψή σας στο γραφείο με ευθύ αλλά διπλωματικό τρόπο, όπως αναφέρετε εδώ (*«Είμαι πρόθυμη να συνεργαστώ μαζί σας, αλλά αυτήν την περίοδο δεν μπορώ να ρίξω τις τιμές μου»*). Αν το γραφείο δεν υποχωρήσει, τότε είναι στο χέρι σας να αποφασίσετε πόσο χρειάζεστε ή θέλετε τη δουλειά που σας προσφέρει.

Ερώτηση:

CORINNE MCKAY

Εργάζομαι κυρίως για άμεσους πελάτες, αλλά προσπαθώ εδώ και καιρό να συνεργαστώ και με γραφεία, προκειμένου να έχω μια πιο σταθερή ροή εργασίας, όταν οι άμεσοι πελάτες είναι "άφαντοι". Παρ' όλα αυτά, έχω παρατηρήσει ότι οι τιμές πολλών μεταφραστικών γραφείων είναι αρκετά χαμηλές και είναι αρκετά δύσκολο να βρω γραφεία που προσφέρουν μεσαίες-"υψηλές" τιμές. Σε εξειδικεύσεις όπως η δική μου (μία από τις οποίες είναι το σέρφινγκ), υπάρχουν αυτές οι τεράστιες αθλητικές εταιρείες (για παράδειγμα) που δουλεύουν μέσω γραφείων, όσον αφορά τις μεταφραστικές υπηρεσίες (είναι πιο εύκολο να έχουν να κάνουν ταυτόχρονα με έναν ορισμένο αριθμό ξένων γλωσσών), και τα γραφεία εφαρμόζουν τις προαναφερθείσες τιμές. Το ερώτημα είναι το εξής: είναι καλή στρατηγική εργασίας να έχουμε, ας πούμε, δύο ή τρία γραφεία μεσαίων-χαμηλών τιμών με αρκετά σταθερή ροή εργασιών, παρόλο που δεν παίρνουμε αυτά που συνήθως θα παίρναμε, ή είναι καλύτερα να αρνηθούμε να συνεργαστούμε μαζί τους και να επικεντρωθούμε σε πελάτες με υψηλότερες τιμές; Επίσης, πού βρίσκονται τα γραφεία που πληρώνουν ικανοποιητικές τιμές; Προσωπικά, μου αρέσουν τα έργα που μου ανατίθενται (π.χ. σχετικά με το σέρφινγκ) και μου αρέσει να συνεργάζομαι μαζί τους, αφού έτσι βελτιώνω τις δεξιότητές μου στους τομείς με τους οποίους ασχολούμαι. Παρ' όλα αυτά, εξακολουθεί να με στοιχειώνει αυτή η αμφιβολία. — Martina Lunardelli

Απάντηση:

Θέσατε κάποια καλά επιχειρήματα σχετικά με τα πλεονεκτήματα και τα μειονεκτήματα της συνεργασίας με γραφεία· είναι αλήθεια ότι ορισμένες –αλλά όχι όλες– οι μεγάλες εταιρείες που χρειάζονται πολλές γλώσσες δεν είναι διατεθειμένες να συνεργαστούν με ελεύθερους επαγγελματίες. Όσον αφορά το αν θέλετε να διατηρήσετε στο πελατολόγιό σας γραφεία που πληρώνουν χαμηλότερες τιμές, ο πιο σημαντικός παράγοντας είναι αν βγάζετε όσα χρειάζεστε ή αν βγάζετε όσα θέλετε να βγάζετε. Αν τα βγάζετε, δεν νομίζω ότι είναι κακή ιδέα να έχετε πελάτες που πληρώνουν διαφορετικές τιμές. Δεν πληρώνουν όλοι οι πελάτες μου την ίδια τιμή, και δεν έχω πρόβλημα με αυτό. Ωστόσο, πιστεύω ότι είναι εξίσου σημαντικό να έχετε μια τιμή "κόκκινης ζώνης", κάτω από την οποία δεν θα πέσετε ποτέ (στο βιβλιαράκι του *I Am Worth It!*, ο μεταφραστής Jonathan Hine την

68

αναφέρει ως "το νεκρό σημείο" σας). Ένας άλλος παράγοντας που πρέπει να λάβετε υπόψη σας είναι η ωριαία σας τιμή· αν είστε πολύ εξειδικευμένη στη μετάφραση εγγράφων σχετικά με το σέρφινγκ, μπορεί να είστε σε θέση να χρεώνετε χαμηλότερη τιμή ανά λέξη, βγάζοντας ωστόσο την ίδια ωριαία τιμή με αυτήν που βγάζετε για πελάτες που πληρώνουν υψηλότερες τιμές σε άλλες εξειδικεύσεις. Νομίζω επίσης ότι είναι καλή ιδέα να διαφοροποιήσετε το πελατολόγιό σας, αρκεί να μπορείτε να το διαχειριστείτε. Η ύπαρξη ενός συνδυασμού από γνωστά γραφεία, μικρά γραφεία και άμεσους πελάτες θα σας διευκολύνει να διασφαλίσετε ότι θα έχετε πάντα μια σταθερή ροή ενδιαφερόντων έργων.

Ερώτηση:

Σε ποιον ή ποια πρέπει να απευθύνομαι όταν γράφω μια συνοδευτική επιστολή με σκοπό να επικοινωνήσω άμεσα με ένα γραφείο; Σε ορισμένες περιπτώσεις, είναι πολύ εύκολο να βρω ονόματα και διευθύνσεις email διαφόρων μελών της διοίκησης, οπότε θα πρέπει να απευθύνομαι στον Διευθύνοντα Σύμβουλο, στον Γενικό Διευθυντή, στον Υπεύθυνο Μεταφραστικών Υπηρεσιών ή στον Υπεύθυνο Ανθρώπινου Δυναμικού; Ποιος θα ήταν ο πιο αρμόδιος; — Ανώνυμος

Απάντηση:

Εάν κάνετε αίτηση στο γραφείο μέσω email, και όχι μέσω ηλεκτρονικής φόρμας, και δεν μπορείτε να βρείτε το όνομα ενός συγκεκριμένου προσώπου στο οποίο να απευθύνεται το email, απλώς απευθυνθείτε στο γραφείο, π.χ. «Υπόψιν του γραφείου τάδε». Με αυτόν τον τρόπο, το email σας δεν θα μοιάζει με ανεπιθύμητο, θα είναι σαφώς εξατομικευμένο, και εσείς δεν θα χρειάζεται να ανησυχείτε μήπως και απευθυνθείτε σε κάποιον που δεν εργάζεται πλέον εκεί ή δεν ασχολείται με την πρόσληψη μεταφραστ(ρι)ών.

Ερώτηση:

Τι πρέπει να κάνω αν έχω ήδη επικοινωνήσει με άπειρα γραφεία στέλνοντας το βιογραφικό μου; Γιατί δεν ανταποκρίνονται; Πώς μπορώ να τα πείσω να με προσλάβουν; — Patrick Weill

Απάντηση:

Πρώτα απ' όλα, πόσα είναι τα "άπειρα" γραφεία; Τελείως σοβαρά, να θυμάστε ότι η υποβολή αιτήσεων σε γραφεία είναι ουσιαστικά ψυχρή πώληση. Όπως σε κάθε ψυχρή πώληση, θα πρέπει να περιμένετε ένα ποσοστό απόκρισης 1%-3%, οπότε ακόμη και αν επικοινωνήσετε με 200 γραφεία, θα περίμενα απαντήσεις από όχι περισσότερα από 2-6 από αυτά, εκτός αν σας παρέπεμψε κάποιος συνάδελφος, το γραφείο βρίσκεται στην περιοχή σας κ.λπ. Επίσης, είναι σημαντικό να εξατομικεύετε κάθε αίτηση σε όποιον βαθμό μπορείτε. Αν το γραφείο σάς επιτρέπει να επισυνάψετε ένα συνοδευτικό email, απευθυνθείτε στο γραφείο ονομαστικά (όπως αναφέρθηκε παραπάνω) και συμπεριλάβετε μια μικρή λεπτομέρεια για το γραφείο («*Βρήκα τον ιστότοπό σας ενώ έψαχνα για μεταφραστικά γραφεία ιατρικών μεταφράσεων στην Αθήνα*» κ.λπ.) Εάν υποβάλετε αίτηση μέσω ηλεκτρονικής φόρμας, χρησιμοποιήστε οποιοδήποτε πεδίο μπορείτε να βρείτε (Επιπλέον πληροφορίες, Σχόλια κ.λπ.) για να προσθέσετε ένα εξατομικευμένο μήνυμα. Και μην υπολογίζετε ότι θα λάβετε απάντηση με την πρώτη προσπάθεια· αν λάβετε *οποιαδήποτε απάντηση*, εκτός από κάποια αυτόματη απάντηση, ακόμη και μια απάντηση τύπου «*Ευχαριστούμε για την αίτησή σας, θα την κρατήσουμε στο αρχείο μας σε περίπτωση που σας χρειαστούμε*», γράψτε στον αποστολέα ένα χειρόγραφο ευχαριστήριο σημείωμα. Επικοινωνείτε ξανά τουλάχιστον κάθε δύο εβδομάδες με έναν μήνα, έως ότου το γραφείο είτε απαντήσει είτε σας ζητήσει να σταματήσετε να επικοινωνείτε μαζί του, πράγμα που θα κάνει αν πραγματικά δεν θέλει να συνεργαστεί μαζί σας.

Ερώτηση:

Είμαι φυσική ομιλήτρια της γαλλικής γλώσσας. Μεταφράζω από τα ισπανικά και τα αγγλικά προς τα γαλλικά. Στο ρεζουμέ μου μπορείτε να διαβάσετε ότι έχω πτυχίο επιπέδου bachelor στην ισπανική γλώσσα και ότι εργάστηκα στην Ισπανία για πολλά χρόνια, σε μια πολυεθνική εταιρεία. Τα γαλλικά, τα ισπανικά και τα αγγλικά είναι οι γλώσσες εργασίας μου για περισσότερα από 15 χρόνια. Είμαι επίσης πιστοποιημένο μέλος PRO του δικτύου ProZ.com, στο ζεύγος ισπανικά προς γαλλικά. Θεωρώ πως στο ρεζουμέ μου φαίνεται πως είμαι πιο αξιόπιστη στα ισπανικά από ό,τι στα αγγλικά!

ΜΑΡΚΕΤΙΝΓΚ ΚΑΙ ΕΥΡΕΣΗ ΜΕΤΑΦΡΑΣΤΙΚΩΝ ΓΡΑΦΕΙΩΝ

Πράγματι, λαμβάνω πολύ περισσότερες μεταφράσεις από τα ισπανικά παρά από τα αγγλικά προς τα γαλλικά. Ξέρω ότι τα αγγλικά μου δεν είναι τέλεια, αλλά έχω δουλέψει το ρεζουμέ και τη συνοδευτική μου επιστολή με μια καθηγήτρια αγγλικών (φυσική ομιλήτρια της αγγλικής γλώσσας).

Επομένως, η ερώτησή μου είναι: Πώς μπορούν τα γραφεία να με εμπιστευτούν; Τι πρέπει να κάνω για να εμπιστευτούν τις ικανότητές μου στη μετάφραση από τα αγγλικά προς τα γαλλικά;» — Alexandra Le Deun

Απάντηση:

Πρώτα απ' όλα, αναρωτιέμαι αν το έχετε πράγματι βιώσει αυτό ως πρόβλημα με τους πελάτες-γραφεία σας (το να μη σας εμπιστεύονται να μεταφράσετε από τα αγγλικά) ή αν απλώς φοβάστε ότι θα μπορούσε να αποτελέσει πρόβλημα. Σε γενικές γραμμές, νομίζω ότι 15 χρόνια εμπειρίας είναι αρκετά για να ικανοποιήσουν τις ανησυχίες ενός γραφείου σχετικά με τις γλώσσες-πηγή σας, ειδικά αν περάσετε τα τεστ του. Νομίζω ότι ορισμένα γραφεία είναι (με το δίκιο τους) επιφυλακτικά απέναντι σε μεταφραστές που εργάζονται προς τη μη μητρική τους γλώσσα, αλλά για τις γλώσσες-πηγή, θα με εξέπληττε αν ένα γραφείο δεν επηρεαζόταν από ένα ιστορικό 15 ετών. Αν όντως το αντιμετώπιζα αυτό ως πρόβλημα, αν ήμουν στη θέση σας, θα προσπαθούσα να περάσω κάποια εξωτερική αξιολόγηση των δεξιοτήτων μου στα αγγλικά· να κάνω το TOEFL ή το IELTS ή ένα από τα τεστ που προσφέρει η Language Testing International ή κάποιος παρόμοιος φορέας. Έτσι θα λάμβανα μια αξιολόγηση των δεξιοτήτων μου στα αγγλικά, την οποία θα μπορούσα στη συνέχεια να συμπεριλάβω στο ρεζουμέ μου. Συχνά προτείνω αυτήν την επιλογή σε άτομα που απέκτησαν τις γλωσσικές τους δεξιότητες με μη συμβατικούς τρόπους (π.χ. ζώντας ή εργαζόμενοι σε ξένες χώρες αντί για σπουδές).

Ερώτηση:

Πώς μπορώ, ως αρχάρια ελεύθερη επαγγελματίας μεταφράστρια, να δείξω στα γραφεία τις δεξιότητές μου και να τα κάνω να θέλουν να συνεργαστούν μαζί μου; Ποιος είναι ο καλύτερος τρόπος για να τραβήξω την προσοχή τους και να ξεχωρίσει η δική μου προσφορά από όλες τις προσφορές που λαμβάνουν; — Amira Ben Mhenni

CORINNE MCKAY

Απάντηση:

Αυτό είναι ένα μεγάλο ερώτημα και εξαρτάται πραγματικά από τα γραφεία στα οποία υποβάλλετε αίτηση. Η συνεργασία με πολύ μεγάλα γραφεία είναι συναλλακτική: βασίζουν την αξιολόγησή τους κυρίως στα αποτελέσματά σας στα τεστ τους, και έτσι μπαίνετε, για το ζεύγος γλωσσών σας, στη λίστα των μεταφραστ(ρι)ών τους, με τους οποίους ή τις οποίες επικοινωνούν όταν έχουν ένα νέο έργο. Όσον αφορά τα μεγάλα γραφεία, το θέμα είναι κυρίως να περάσετε τα τεστ τους και, έπειτα, να περιμένετε να επικοινωνήσουν μαζί σας, αλλά δεν βλάπτει να επικοινωνήσετε εσείς μαζί τους: στείλτε ένα χειρόγραφο σημείωμα, αν έχετε το όνομα ενός συγκεκριμένου ατόμου, αλλιώς στέλνετε κάθε λίγες εβδομάδες μέσω email μέχρι να σας στείλουν κάτι. Όσον αφορά τα γραφεία υψηλότερης ποιότητας, τα πράγματα διαφέρουν λιγάκι. Τα γραφεία με τα οποία θέλετε *πραγματικά* να συνεργαστείτε είναι α) λιγότερο πιθανό να ρισκάρουν με έναν αρχάριο και β) πιο πιθανό να είναι πλήρως στελεχωμένα και να μην ψάχνουν για νέους μεταφραστές· για να πάρετε δουλειά από αυτά, πρέπει να περιμένετε μέχρι να φύγει ένας από τους σταθερούς μεταφραστές τους ή μέχρι να αποκτήσουν έναν νέο πελάτη. Οπότε, κάντε ό,τι μπορείτε για να γίνετε η πρώτη τους επιλογή: στείλτε ένα χειρόγραφο σημείωμα, στέλνετε ένα email τουλάχιστον μία φορά τον μήνα, βάλτε μια Ειδοποίηση Google με το όνομα του γραφείου σε περίπτωση που ενδιαφέρεστε να το παρακολουθείτε στα επιχειρηματικά νέα. Ως αρχάρια, είναι επίσης καλή ιδέα να εργαστείτε στην τοπική αγορά – δοκιμάστε να κάνετε ενημερωτικές συνεντεύξεις με τυχόν γραφεία στην περιοχή σας και δοκιμάστε να παρευρεθείτε σε εκδηλώσεις που διοργανώνονται από ενώσεις μεταφραστ(ρι)ών και γίνονται με φυσική παρουσία, ώστε να συναντήσετε εκεί πιθανούς πελάτες. Μια άλλη καλή πηγή εργασίας για τους αρχάριους είναι οι συστάσεις και οι περίσσιες εργασίες από πιο έμπειρους μεταφραστές. Φροντίστε, λοιπόν, να δικτυωθείτε και με άλλους μεταφραστές του γλωσσικού σας ζεύγους και να καθιερωθείτε στον χώρο ως ικανοί, δραστήριοι και αξιόπιστοι, ώστε να σας λαμβάνει υπόψη κάποιος πελάτης όταν χρειάζεται σύσταση.

Ερώτηση:

72

ΜΑΡΚΕΤΙΝΓΚ ΚΑΙ ΕΥΡΕΣΗ ΜΕΤΑΦΡΑΣΤΙΚΩΝ ΓΡΑΦΕΙΩΝ

Υπάρχουν ορισμένοι τύποι πελατών στους οποίους μπορώ γενικά να έχω πρόσβαση μόνο μέσω γραφείων; Για παράδειγμα, αν θέλω να μεταφράσω για κυβερνητικές υπηρεσίες των ΗΠΑ (ως εξωτερικός συνεργάτης), είναι τα μεταφραστικά γραφεία ο μόνος τρόπος να το κάνω; Φαντάζομαι ότι υπάρχουν διάφοροι άλλοι τύποι πελατών που γενικά αγοράζουν μεταφραστικές υπηρεσίες μόνο από γραφεία για κάποιον λόγο. — Ανώνυμος

Απάντηση:

Διστάζω να χρησιμοποιώ τους όρους "πάντα" ή "ποτέ" σε οποιοδήποτε είδος μεταφραστικού έργου, αλλά πιστεύω ότι υπάρχουν ορισμένοι τύποι πελατών που είναι *πολύ πιο πιθανό* να χρησιμοποιούν γραφεία παρά ελεύθερους επαγγελματίες. Ευτυχώς, η διαδικασία σύναψης συμφωνητικών για τις περισσότερες κυβερνητικές υπηρεσίες είναι αρκετά διαφανής, επειδή χρηματοδοτούνται από φορολογούμενους. Για παράδειγμα, μπορείτε να υποβάλετε αίτηση για να γίνετε ελεύθερος επαγγελματίας μεταφραστής για το Υπουργείο Εξωτερικών των ΗΠΑ εδώ[2]. Τα κυβερνητικά γραφεία υποχρεούνται γενικά να διευκρινίζουν τον τρόπο με τον οποίο αποκτούν σχεδόν τα πάντα, οπότε λογικά θα μπορέσετε να βρείτε αυτές τις πληροφορίες, είτε διαδικτυακά είτε μέσω τηλεφώνου. Σε γενικές γραμμές, νομίζω ότι οι εξειδικεύσεις όπου οι τελικοί πελάτες είναι συχνά τεράστιες εταιρείες (μου έρχονται εταιρείες λογισμικού και φαρμακευτικών προϊόντων) είναι πιο πιθανό να κερδίζονται από γραφεία. Θα είναι δύσκολο –ίσως όχι αδύνατο, αλλά δύσκολο– να μπείτε σε μια Microsoft ή μια Novartis ως ελεύθερος επαγγελματίας, εκτός αν οι πελάτες-στόχοι σας έχουν εσωτερικά μεταφραστικά τμήματα και έχουν συνηθίσει να συνεργάζονται με ελεύθερους επαγγελματίες. Νομίζω ότι σε τέτοιου είδους τομείς πρέπει είτε να μάθετε με ποια γραφεία συνεργάζονται αυτές οι μεγάλες εταιρείες είτε να στοχεύσετε σε μικρότερες εταιρείες που είναι πιο πιθανό να συνεργάζονται με ελεύθερους επαγγελματίες.

Ερώτηση:

Η ερώτησή μου αφορά στο πώς μπορεί να βρεθεί μια κεντρική επαφή σε μια μεγάλη υπηρεσία, όταν έχω να κάνω με πολλούς διαφορετικούς υπεύθυνους

---

2.   https://www.state.gov/m/a/ols/c56507.htm

έργων. Έχω διαπιστώσει ότι είναι δύσκολο να υπάρξει μια καλή ροή εργασιών –είτε υπάρχει πολλή δουλειά είτε καθόλου– οπότε η ύπαρξη μιας κεντρικής επαφής θα μπορούσε να είναι χρήσιμη. — *Angela Eldering*

Απάντηση:

Λοιπόν, η πρώτη μου ερώτηση θα ήταν αν το γραφείο διαθέτει έναν κεντρικό τρόπο διαχείρισης των έργων που αποστέλλονται σε ελεύθερους επαγγελματίες. Αυτό θα λειτουργούσε τόσο προς όφελός τους όσο και προς όφελός σας, αλλά πολλοί πελάτες –γραφεία και άμεσοι πελάτες– εργάζονται με σχετικά απομονωμένους τρόπους που δεν περιλαμβάνουν ένα κεντρικό σύστημα ανάθεσης έργων. Έτσι, απλώς θα σας ζητούσα να πείτε στους υπεύθυνους έργων: «*Μου αρέσει να συνεργάζομαι με την εταιρεία σας και είμαι ενθουσιασμένος που λαμβάνω τόσο πολλή δουλειά από εσάς. Θα ήθελα να σας ρωτήσω, υπάρχει κάποιος τρόπος –για παράδειγμα μια κεντρική επαφή για τους ελεύθερους επαγγελματίες– να σας ενημερώνω για τη διαθεσιμότητά μου σε εβδομαδιαία ή καθημερινή βάση, ώστε να ξέρετε τι όγκο είμαι διαθέσιμος να αναλάβω;*» Έτσι, θα έχετε θετική εξέλιξη στο θέμα, αφού προσπαθείτε να βοηθήσετε τον πελάτη, και νομίζω ότι θα πιάσει το νόημα!

Ερώτηση:

Όταν κάποια ξεκινάει ως ελεύθερη επαγγελματίας μεταφράστρια και δεν έχει καθόλου εμπειρία, ή έχει λίγη, πώς μπορεί να πείσει ένα γραφείο να δοκιμάσει τη δουλειά της, ακόμη και αν πρόκειται για μεταφραστικό τεστ; Πώς μπορεί να προωθήσει τον εαυτό της και τις δεξιότητές της όταν είναι νέα/ άπειρη ή δεν έχει συστάσεις – εκτός από σπουδές; Η μη αμειβόμενη παροχή δουλειάς μπορεί να μην είναι καλή ιδέα. Αν πάρει μια δουλειά ή πολλές δουλειές μπορεί να δυσκολευτεί να αρχίσει να χρεώνει κάποια στιγμή; — *Ann-Charlotte Storer*

Απάντηση:

Στα πρώτα βήματα της καριέρας σας, πρέπει πρώτα να βεβαιωθείτε ότι οι μεταφραστικές σας δεξιότητες είναι επαγγελματικού επιπέδου: κάντε το τεστ εξάσκησης για τις εξετάσεις πιστοποίησης μεταφραστ(ρι)ών ή μισθώστε τις υπηρεσίες ενός επαγγελματία μεταφραστή για να αξιολογήσει τις δεξιότητές σας. Αν υποθέσουμε ότι τα αποτελέσματα από αυτές τις αξιολογήσεις είναι θετικά, έχετε μερικές επιλογές ως εντελώς αρχάρια: κάντε αίτηση σε μεγάλα γραφεία που βασίζουν τις προσλήψεις τους σε μεγάλο βαθμό στα δικά τους τεστ, κάντε αίτηση σε τοπικά γραφεία τα οποία μπορείτε να επισκεφτείτε από κοντά, για να καθιερωθείτε ως αξιόπιστη, και δικτυωθείτε με πιο έμπειρους μεταφραστές που μπορεί να είναι σε θέση να σας παραπέμψουν για δουλειές. Αξιοποιήστε επίσης όποιο μέρος όπου μπορείτε να συναντήσετε από κοντά πιθανούς πελάτες, όπως τοπικές ή εθνικές εκδηλώσεις των μεταφραστικών ενώσεων. Είναι εξίσου σημαντικό να συνεχίσετε να εργάζεστε: αν σκοπεύετε να εργάζεστε 40 ώρες την εβδομάδα ως μεταφράστρια, τότε αναγκαστείτε να δουλέψετε αυτές τις 40 ώρες ακόμη και όταν στην αρχή δεν έχετε καθόλου δουλειές (ή έχετε λίγες). Κάντε μάρκετινγκ, ξανά και ξανά. Εγγραφείτε σε ομάδες στο LinkedIn και συμμετέχετε ενεργά σε αυτές. Φτιάξτε έναν ιστότοπο για εσάς. Διαβάστε ιστολόγια που αφορούν τον μεταφραστικό κλάδο. Παρακολουθήστε μαθήματα επαγγελματικής ανάπτυξης στις εξειδικεύσεις σας. Παρακολουθήστε μαθήματα συγγραφής και επιμέλειας/διόρθωσης κειμένων. Γίνετε εθελόντρια στην ένωση μεταφραστ(ρι)ών της περιοχής σας. Όλα τα παραπάνω θα αποτελέσουν επιπλέον παράγοντες για να πείσετε τα γραφεία να ρισκάρουν να δώσουν δουλειά σε μια αρχάρια!

Ερώτηση:

Δουλεύω σχεδόν αποκλειστικά με γραφεία από επιλογή. Όταν πήρα άδεια μητρότητας, προφανώς οι υπεύθυνοι έργων έπρεπε να στραφούν σε άλλες μεταφράστριες και άργησα να συμβαδίσω όταν επέστρεψα στη δουλειά, μέχρι που μου έδωσαν τον ίδιο όγκο έργων με πριν. Αναρωτιόμουν αν έχετε κάποιες συμβουλές για να ξεχωρίσω και να εξασφαλίσω ότι το μυαλό του/της υπεύθυνου έργων θα πηγαίνει πάντα σε εμένα (εκτός από την ανάθεση κορυφαίων δουλειών φυσικά!). Έχετε αναφέρει τα δώρα και τα χειρόγραφα σημειώματα σε άμεσους πελάτες, αλλά θα συνιστούσατε κάτι για τους υπεύθυνους έργων των γραφείων; Για παράδειγμα, θα συνιστούσατε να πάω να τους δω προσωπικά για να τους χαιρετήσω αν βρίσκομαι στην περιοχή τους; Συνεργάζομαι με ένα γραφείο στην Πράγα και πήγα διακοπές εκεί, αλλά δεν ήμουν σίγουρη αν θα ήταν καλό να το επισκεφτώ». — Julia Maitland

CORINNE MCKAY

Απάντηση:

Όταν τίθεται το ερώτημα «*Γιατί το γραφείο Χ δεν μου στέλνει περισσότερες δουλειές;*» νομίζω ότι εμείς οι μεταφραστές τείνουμε να το υπεραναλύουμε (πρέπει να έκανα κάποιο φρικτό λάθος σε μια μετάφραση, πρέπει να προσέβαλα τον υπεύθυνο έργου με κάτι που είπα κ.λπ.), ενώ, στην πραγματικότητα, η κατάσταση είναι πολύ πιο απλή. Οι υπεύθυνοι έργων τείνουν να έλκονται από μεταφραστές που σχεδόν πάντα αποδέχονται τα έργα που τους προσφέρουν, παραδίδουν έργα υψηλής ποιότητας και τηρούν τις προθεσμίες τους. Οι περισσότεροι υπεύθυνοι έργων έχουν μεταφραστές που εμπιστεύονται και προτιμούν: τους ανθρώπους με τους οποίους επικοινωνούν *πάντα* πρώτα. Εάν κάποιος δεν είναι διαθέσιμος ή δεν είναι τόσο διαθέσιμος όσο χρειάζεται ο υπεύθυνος έργου, δεν θα είναι το άτομο που θα προτιμήσει. Έτσι, όταν πήρατε άδεια μητρότητας, πέσατε σε αυτήν τη λίστα και χρειάστηκε λίγος χρόνος για να επανέλθετε, κάτι που νομίζω ότι ήταν αναμενόμενο. Ωστόσο, πιστεύω ότι υπάρχουν πράγματα που μπορείτε να κάνετε για να εδραιώσετε περαιτέρω τις σχέσεις σας με τους πελάτες-γραφεία σας: το να τα επισκεφτείτε αυτοπροσώπως είναι σίγουρα μια καλή ιδέα. Όταν το κάνω εγώ αυτό, προσπαθώ να βάζω κάποιες παραμέτρους («*Θα βρίσκομαι στην περιοχή σας και αναρωτιόμουν αν θα μπορούσα να περάσω να πω ένα γρήγορο γεια και να γνωρίσω κάποιον από το προσωπικό σας!*»), ώστε να μην ακούγεται σαν τεράστια δέσμευση χρόνου από την πλευρά τους. Νομίζω επίσης ότι όταν προτιμάτε να συνεργάζεστε με γραφεία, κινείστε πάντα στο όριο μεταξύ του να θέλετε να είστε το πρόσωπο που θα εμπιστεύονται ή προτιμούν και του να γνωρίζετε ότι δεν θέλετε ένας πελάτης –οποιουδήποτε είδους– να αποτελεί το 80% του όγκου εργασίας σας, και αυτό είναι μια πράξη εξισορρόπησης που μόνο εσείς μπορείτε να χειριστείτε.

Ερώτηση:

Πιστεύετε ότι είναι απαραίτητο να έχω τον δικό μου ιστότοπο αν ενδιαφέρομαι μόνο να κάνω μάρκετινγκ σε γραφεία; — Grace Horsley

Απάντηση:

ΜΑΡΚΕΤΙΝΓΚ ΚΑΙ ΕΥΡΕΣΗ ΜΕΤΑΦΡΑΣΤΙΚΩΝ ΓΡΑΦΕΙΩΝ

Εξαρτάται από το είδος του γραφείου για το οποίο μιλάτε. Για τα μεγάλα και πολύ μεγάλα γραφεία, δεν νομίζω ότι είναι απαραίτητος ένας ιστότοπος· δεν πρόκειται να αναπτύξουν προσωπική σχέση μαζί σας και θα βασίσουν τις προσλήψεις τους σε μεγάλο βαθμό –ή ίσως και αποκλειστικά– στα δικά τους τεστ. Για τα μικρότερα γραφεία, νομίζω ότι ένας ιστότοπος είναι ένα μεγάλο πλεονέκτημα. Ακόμα και αν το SEO του ιστότοπού σας δεν είναι αρκετά ισχυρό για να προσελκύσει πελάτες, είναι μια καλή πηγή για να τη στέλνετε σε πιθανούς πελάτες και να την έχετε στην υπογραφή του email όταν στέλνετε ερωτήματα μέσω email.

Ερώτηση:

Πώς μπορώ να προστατευτώ από καθυστερήσεις πληρωμών και τι πρέπει να κάνω αν ένα γραφείο δεν με πληρώσει μετά την ολοκλήρωση της δουλειάς;

— Antonio Jorge Santos

Απάντηση:

Αρχικά, πρέπει να ελέγχετε την πιστοληπτική ικανότητα των πελατών-γραφείων σας πριν εργαστείτε για αυτούς. Οι καλύτερες πηγές είναι το Payment Practices[3] και το ProZ Blue Board[4]· από τα δύο, θεωρώ ότι το Payment Practices είναι πιο ολοκληρωμένο και η συνδρομή είναι μόνο 20 δολάρια ετησίως. Αλλά αν έχετε ήδη επί πληρωμή συνδρομή στο ProZ, τότε θα έχετε και πρόσβαση στο Blue Board. Προτού συνεργαστείτε με ένα γραφείο, ελέγξτε την αξιολόγησή του εκεί για να βεβαιωθείτε τουλάχιστον ότι δεν θα συνεργαστείτε με ένα γραφείο που είναι γνωστό ότι δεν πληρώνει. Εάν ένα γραφείο δεν σας πληρώσει ποτέ ή πληρώσει με σημαντική καθυστέρηση (η οποία ορίζεται από το Payment Practices ως καθυστέρηση άνω των 10 ημερών), θα πρέπει να το αναφέρετε σε έναν από αυτούς τους ιστότοπους. Πολλά γραφεία ενσωματώνουν πλέον ηλεκτρονικά συστήματα τιμολόγησης, όπου μπορείτε να παρακολουθείτε ακριβώς το στάδιο εξόφλησης του τιμολογίου σας. Νομίζω ότι το μεγαλύτερο πρόβλημα για τους περισσότερους μεταφραστές δεν είναι οι πελάτες που δεν πληρώνουν, αλλά οι πελάτες που πληρώνουν με καθυστέρηση – εκείνος ο πελάτης στον

---

3.   http://paymentpractices.net/

4.   http://www.proz.com/blueboard

οποίο φαίνεται να υπάρχει πάντα κάποια χαοτική κατάσταση (ο υπεύθυνος οικονομικών είναι σε διακοπές, οι επιταγές κόβονται μόνο ορισμένες ημέρες της εβδομάδας, το τιμολόγιο διέφυγε της προσοχής κ.λπ.). Από εσάς εξαρτάται πώς θα το χειριστείτε αυτό. Εφόσον αυτοί οι πελάτες τελικά πληρώνουν, μια επιλογή είναι απλώς να διατηρείτε αρκετό απόθεμα μετρητών στον επαγγελματικό σας λογαριασμό ώστε μια καθυστερημένη πληρωμή να μην αποτελεί τεράστιο θέμα. Μια άλλη επιλογή είναι να απαιτείτε από τους πελάτες να πληρώνουν ηλεκτρονικά αντί μέσω έντυπης επιταγής –μια κατεύθυνση προς την οποία νομίζω ότι καταφεύγουν όλο και περισσότεροι ελεύθεροι επαγγελματίες–, γεγονός που εξαλείφει τουλάχιστον τη μεταβλητή της επιταγής που πρέπει να ετοιμαστεί και να ταχυδρομηθεί. Μια άλλη επιλογή είναι να στέλνετε σε αυτούς τους πελάτες κάποιες περιοδικές υπενθυμίσεις, π.χ. «Ήθελα απλώς να σας υπενθυμίσω ότι το τιμολόγιο ΧΧΧ των Υ $ λήγει στις Χ. Ενημερώστε με αν περιμένετε κάποια καθυστέρηση στην πληρωμή». Προσωπικά, εφόσον ένας πελάτης πληρώνει πάντα χωρίς σημαντική καθυστέρηση, είμαι αρκετά ανεκτική με τις πληρωμές που καθυστερούν μία ή δύο εβδομάδες. Αλλά είναι επίσης αλήθεια ότι αν καθυστερούσατε εσείς μία εβδομάδα να παραδώσετε ένα έργο, το γραφείο δεν θα έβλεπε την καθυστέρηση ως "δεν έγινε και κάτι", οπότε δεν υπάρχει κάποιο πρόβλημα στο να το πιέσετε να τηρήσει τους όρους που συμφωνήσατε.

Ερώτηση:

Έχω την εντύπωση ότι ένας μεταφραστής που ψάχνει για εργασία από γραφείο ΠΡΕΠΕΙ να κάνει αίτηση μέσω μιας σελίδας "Εργαστείτε μαζί μας" ή "Καριέρα" του ιστότοπου του γραφείου και ποτέ να μην επικοινωνήσει απευθείας. Αν έχετε ξεσκονίσει τον ιστότοπο και δεν βρίσκετε μια παρόμοια ενότητα, υπάρχει θέμα να επικοινωνήσετε μαζί του μέσω του email που υπάρχει στον ιστότοπό του; (Ειδικά αν βλέπετε μέσω του ProZ και του Payment Practices ότι είναι ενεργό και συνεργάζεται με μεταφραστές από όλον τον κόσμο). Έχω παρατηρήσει ότι ορισμένα γραφεία δεν έχουν αυτήν την ανοιχτή πρόσκληση στους ιστότοπούς τους, ακόμα και για πολλά χρόνια – ίσως από πάντα (ενώ άλλα δεν την έχουν προσωρινά, και την προσθέτουν ή την επαναφέρουν αργότερα, ανάλογα με τις ανάγκες τους για ελεύθερους επαγγελματίες). Πρέπει αυτό να το ερμηνευτεί ως ότι δεν θέλουν να συνεργαστούν με μεταφραστές, ή αξίζει μια προσπάθεια; Και αν επικοινωνήσετε μαζί τους, θα πρέπει απλά να στείλετε το βιογραφικό σας σημείωμα και τη συνοδευτική σας επιστολή κανονικά χωρίς να απολογηθείτε για το θράσος σας, ή θα πρέπει πρώτα να ρωτήσετε αν θα ήταν οκ να τα στείλετε; – Ανώνυμος

Απάντηση:

Έχετε δίκιο ότι τα γραφεία θέλουν να προσλαμβάνουν μεταφραστές· διαφορετικά δεν θα μπορούσαν να πουλήσουν μεταφράσεις. Αλλά είναι επίσης αλήθεια ότι ορισμένα γραφεία κατακλύζονται τόσο πολύ από αιτήσεις, τις οποίες ενδέχεται –προσωρινά ή μόνιμα– να αφαιρέσουν από τον ιστότοπό τους. Για παράδειγμα, εργάζομαι για τουλάχιστον ένα τοπικό γραφείο που προσλαμβάνει *μόνο μέσω συστάσεων* από τους υπάρχοντες μεταφραστές του. Αν δεν μπορείτε να βρείτε κανέναν τρόπο να κάνετε αίτηση μέσω του ιστότοπου του γραφείου, θα έστελνα ένα email στη διεύθυνση γενικών ερωτήσεων (info@ ή ό,τι άλλο μπορείτε να βρείτε) και θα ρωτούσα *μόνο* το εξής: *«Δέχεστε αιτήσεις από ελεύθερους επαγγελματίες στο δικό μου ζεύγος γλωσσών και στις δικές μου εξειδικεύσεις;»* Ή τηλεφωνήστε στο γραφείο και ρωτήστε το ίδιο πράγμα. Δεν θα έστελνα το βιογραφικό μου και τη συνοδευτική μου επιστολή χωρίς να ρωτήσω αν το γραφείο προσλαμβάνει.

Ερώτηση:

Χθες δέχθηκα ένα τηλεφώνημα από μια υπεύθυνη έργου ενός πιθανού νέου πελάτη. Με ρώτησε ποια ήταν η τιμή μου για τις υπηρεσίες που χρειαζόταν και είπα Χ. Μετά, με ρώτησε αν θα μπορούσα αρχικά να εργαστώ για το 50 με 75% του Χ και εγώ... φλίπαρα! Απάντησα ευγενικά ότι δεν υπήρχε περίπτωση να συμφωνήσω σε αυτό. Χωρίς να κατσαδιάσω τον πελάτη για το απερίσκεπτο θράσος του, πώς θα μπορούσα να αντιμετωπίσω μια τέτοια κατάσταση με πιο θετικό τρόπο στο μέλλον;» — Anna Lycett

Απάντηση:

Θα διαφωνήσω μαζί σας εδώ, με την έννοια ότι δεν το βλέπω αυτό ως "απερίσκεπτο θράσος" από την πλευρά του πελάτη· απλώς το βλέπω ως έκφραση του πελάτη για το τμήμα της αγοράς που έχει επιλέξει, το οποίο δεν είναι αυτό που έχετε επιλέξει εσείς. Αν και συμφωνώ (εννοείται) ότι *είναι ενοχλητικό να σας ρωτούν αν μπορείτε να ρίξετε την τιμή σας στο ήμισυ* (φυσικά και όχι!), ή να σας αντιμετωπίζουν σαν να είστε εσείς αυτή που δεν έχει ιδέα για τις τιμές που επικρατούν στη μεταφραστική αγορά (δεν θα χρεώνατε τις τιμές σας αν δεν υπήρχαν πελάτες που θα τις πλήρωναν, σωστά;), ή να βλέπετε άλλους μεταφραστές να εργάζονται με εξευτελιστικές τιμές, δεν αξίζει να γίνεστε συναισθηματική. Ο πελάτης τοποθετεί τη δουλειά του σε ένα συγκεκριμένο επίπεδο τιμών, και το ίδιο κάνετε και εσείς. Είτε επιλέξει να κάνει παζάρια με την τιμή είτε να την κάνει το κύριο σημείο πώλησης της εργασίας του, είναι δική του απόφαση. Όταν δέχομαι τέτοιου είδους ερωτήματα, συνήθως λέω κάτι σαν αυτό: «*Επειδή αυτήν την περίοδο έχω αναλάβει πολλές δουλειές στην κανονική μου τιμή, δεν μπορώ να προσφέρω εκπτώσεις. Αλλά, παρακαλώ, να με έχετε κατά νου αν λάβετε ποτέ έργα με μεγαλύτερο προϋπολογισμό*». Μετά το αφήνω έτσι. Είναι επίσης αλήθεια ότι οι αλλαγές στον κλάδο μας −που σε μεγάλο βαθμό οφείλονται στην τεχνολογία, την παγκοσμιοποίηση και τον αυξανόμενο όγκο των ελεύθερων επαγγελματιών− σημαίνουν ότι υπάρχουν πολύ περισσότεροι άνθρωποι πρόθυμοι να εργαστούν για πολύ λιγότερα χρήματα. Επομένως, μην υποθέτετε ποτέ ότι ένας πελάτης δεν θα βρει έναν μεταφραστή που είναι πρόθυμος να εργαστεί για πολύ λιγότερα χρήματα από αυτά που χρεώνετε εσείς. Και πάλι, δεν μπορείτε να κάνετε κάτι γι' αυτό − αν και σίγουρα αξίζει να προσπαθήσετε να βοηθήσετε αυτούς τους μεταφραστές να καταλάβουν ότι υποτιμούν όχι μόνο τη δική τους δουλειά, αλλά και τη δουλειά όλων των άλλων στον κλάδο. Υπάρχουν πελάτες σε όλα τα επίπεδα τιμών. Έτσι, όταν ένας πελάτης σάς χτυπάει την πόρτα με χαμηλές τιμές, απλώς μείνετε σταθερή, προσφερθείτε πρόσχαρα να συνεργαστείτε μαζί του στις στάνταρ τιμές σας και πάτε παρακάτω.

ΜΑΡΚΕΤΙΝΓΚ ΚΑΙ ΕΥΡΕΣΗ ΜΕΤΑΦΡΑΣΤΙΚΩΝ ΓΡΑΦΕΙΩΝ

Σχετικά με τη συγγραφέα

Η Corinne McKay είναι πιστοποιημένη μεταφράστρια από την Αμερικανική Ένωση Μεταφραστών στον συνδυασμό γαλλικά προς αγγλικά. Εργάζεται ως ελεύθερη επαγγελματίας πλήρους απασχόλησης από το 2002 για πελάτες στους τομείς της διεθνούς ανάπτυξης, των εταιρικών επικοινωνιών και του μάρκετινγκ περιεχομένου. Μεταφράζει επίσης μη μυθοπλαστικά βιβλία, και η μετάφραση του βιβλίου *Night Naked: Climber's Autobiography* των Erhard Loretan και Jean Ammann, που εκδόθηκε από τον μη κερδοσκοπικό εκδοτικό οίκο Mountaineers Books, ήταν υποψήφια για το βραβείο Boardman Tasker 2017 για την ορεινή λογοτεχνία. Εκτός από το δικό της μεταφραστικό έργο, η Corinne διδάσκει και γράφει βιβλία για άλλους ελεύθερους μεταφραστές από το 2005. Το βιβλίο της *How to Succeed as a Freelance Translator*, ο οδηγός της με επιχειρηματικές συμβουλές για τους ελεύθερους επαγγελματίες μεταφραστές, έχει πουλήσει πάνω από 10.000 αντίτυπα και έχει γίνει το πρώτο σημείο αναφοράς και προτίμησης για τον μεταφραστικό κλάδο. Το ιστολόγιό της, Thoughts on Translation, κέρδισε το 2016 το βραβείο κοινότητας Community Choice Award του ProZ.com για το καλύτερο ιστολόγιο περί

ΜΑΡΚΕΤΙΝΓΚ ΚΑΙ ΕΥΡΕΣΗ ΜΕΤΑΦΡΑΣΤΙΚΩΝ ΓΡΑΦΕΙΩΝ

μετάφρασης. Μπορείτε να επικοινωνήσετε με την Corinne στο email corinne@translatewrite.com.

Για περισσότερες πληροφορίες, συμβουλές, βιβλία και μαθήματα σχετικά με τη μετάφραση, επισκεφθείτε το ιστολόγιο της Corinne McKay, Thoughts on Translation[1].

Σχετικά με τον μεταφραστή

Ο Στέφανος Καράμπαλης γεννήθηκε στην Πρέβεζα. Εργάζεται ως ελεύθερος επαγγελματίας μεταφραστής αγγλικών-ελληνικών, συγγραφέας και αρθρογράφος-κειμενογράφος. Είναι αρωγό μέλος στην Πανελλήνια Ένωση Μεταφραστών, έχει τελειώσει ένα μονοετές εντατικό πρόγραμμα και ένα πρόγραμμα μετάφρασης κόμικς σε ιδιωτική σχολή εκπαίδευσης μεταφραστών, αλλά και πέντε διαφορετικά προγράμματα (κειμενογραφία, μετάφραση, υποτιτλισμό και δύο για επιμέλεια) σε δημόσιο πανεπιστήμιο. Του αρέσουν τα LitRPG και η σειρά βιβλίων Επίθεση των Ζόμπι είναι το πρώτο του συγγραφικό έργο. Ως μεταφραστής, ασχολείται κυρίως με την τοπική προσαρμογή παιχνιδιών, ιστοσελίδων και εφαρμογών από τα αγγλικά στα ελληνικά και τη μετάφραση άρθρων, γενικών κειμένων και βιβλίων από τα αγγλικά στα ελληνικά, αλλά και από τα ελληνικά στα αγγλικά. Μπορείτε να βρείτε άλλα βιβλία που έχει μεταφράσει στην ιστοσελίδα του: https://www.skgreekservices.com/el/en-grbook-translations. Αν σας αρέσουν τα LitRPG στα ελληνικά, επισκεφτείτε την ιστοσελίδα: https://www.litrpg.gr.

Milton Keynes UK
Ingram Content Group UK Ltd.
UKHW041939241124
451423UK00001BA/204